DU MÊME AUTEUR

Aux Éditions Gallimard

TU MONTRERAS MA TÊTE AU PEUPLE, 2013 («Folio» nº 5849, «Folioplus classiques» nº 295).

ÉVARISTE, roman, 2015 («Folio» nº 6170).

UN CERTAIN M. PIEKIELNY, roman, 2017 («Folio» nº 6593).

MON MAÎTRE ET MON VAINQUEUR, roman, 2021 («Folio» nº 7207).

L'USURE D'UN MONDE. UNE TRAVERSÉE DE L'IRAN, récit, 2023 («Folio» nº 7416).

CHAGRIN D'UN CHANT INACHEVÉ

FRANÇOIS-HENRI DÉSÉRABLE

CHAGRIN D'UN CHANT INACHEVÉ

SUR LA ROUTE DE CHE GUEVARA

récit

nrf

GALLIMARD

Ce récit doit beaucoup aux deux résidences où il a été écrit en partie : la Maison Julien Gracq, à Saint-Florent-le-Vieil (Maine-et-Loire), et la Fondation des Treilles, à Tourtour (Var).

La Fondation des Treilles, créée par Anne Gruner-Schlumberger, a notamment pour vocation d'ouvrir et de nourrir le dialogue entre les sciences et les arts afin de faire progresser la création et la recherche contemporaines. Elle accueille également des chercheurs, des écrivains et des artistes photographes dans le domaine des Treilles (Var) – www.les-treilles.com.

Toutes les photographies reproduites dans cet ouvrage ont été prises par l'auteur.

Pour Gaspard, Andrea,
Camille, Ishaan & Paul
Le monde est si vaste, et vous êtes si petits.

Pourquoi ne pas partir tout de suite ?

Nul d'entre nous ne sera jamais plus jeune qu'aujourd'hui.

JACK LONDON

La Havane
Caracas
océan
Atlantique
Cúcuta
San Cristóbal
VENEZUELA
Bogotá
COLOMBIE
ÉQUATEUR
Quito
Manaus
Iquitos
Leticia
PÉROU
Pucallpa
BRÉSIL
Machu
Picchu
océan
Pacifique
Lima
Cuzco
Andahuaylillas
La
Paz
BOLIVIE
Puno
Copacabana / Isla del Sol
Santa Cruz
Arica
Sucre
Vallegrande /
La Higuera
Potosí
Iquique
Uyuni
Chuquicamata
PARAGUAY
Antofagasta
San Pedro
de Atacama
Iguazú
Asuncion
Chañaral
ARGENTINE
Itinéraire de l'auteur
Itinéraire de Guevara
et Granado
Itinéraire commun
Córdoba
CHILI
Valparaíso
Santiago
du Chili
Buenos
Aires
San Martín
de los Andes
Bahía Blanca
0 450 km
EdiCarto
Niebla
Puerto Montt
San Carlos de Bariloche

Au mur de la classe, à côté du tableau, une carte du monde. On y voyait des pays de diverses couleurs, la rose des vents, les méridiens, les mers, les océans. L'imaginaire hissait la grand-voile : le monde entier se trouvait là, devant moi, réduit au quarante millionième. Je lisais *Katmandou* et je me figurais des drapeaux à prières et des temples bouddhistes, *Chicago* et je poussais la porte d'un bar clandestin où luisaient dans la pénombre le canon d'un colt et les braises d'un cigare, *New York* et j'entendais les rickshaws pétarader entre les vaches sacrées, les marchands d'épices et de fleurs (longtemps, j'ai confondu New York et New Delhi). En attendant d'aller voir un jour tout cela de plus près, *pour de vrai*, je passais mes journées les yeux fixés sur la carte, continuellement rêveur. M. Postel, un petit homme énergique aux cheveux grisonnants, m'en faisait le reproche. Il nous parlait additions, soustractions, figures géométriques, et moi je m'enivrais des noms de villes inconnues. Prenant mes camarades à témoin, il me citait en contre-exemple : Faites comme lui, disait-il, et vous n'irez jamais loin. Peut-être, mais j'écris ces lignes en Patagonie.

*

Cet automne-là, les taux d'intérêt étaient en baisse, les prix de l'immobilier en hausse, ma famille, mes amis s'inquiétaient : est-ce qu'il n'était pas temps que j'investisse *dans la pierre*? Avec un peu de chance et un banquier indulgent, je pouvais peut-être m'endetter sur trente ans (mon âge à l'époque). Je n'en avais ni les moyens ni l'envie. Signant un acte de vente, j'aurais eu la sensation de signer mon propre registre d'écrou – et de voir ma liberté circonscrite à quelques mètres carrés. Et puis un appartement, ça se meuble ; aux meubles, il faudrait toujours préférer son sac de voyage.

Je venais de rendre à mon éditeur deux cent vingt feuillets d'un roman qui m'avait tenu lieu de vie pendant près de trois ans ; j'étais riche de mes seuls yeux intranquilles, en proie au doute et désœuvré. Qu'allais-je faire maintenant ? Il était temps de partir, sans raison ni délai.

Pour aller où ?

Les écrivains eux-mêmes avaient tant voyagé qu'on ne pouvait prendre une seule direction sans se mettre aussitôt dans leurs pas : Chateaubriand de Paris à Jérusalem, Nerval et Flaubert en Orient, Stendhal et Giono en Italie, Rimbaud en Abyssinie, Stevenson avec un âne dans les Cévennes, David-Néel de la Chine à l'Inde à travers le Tibet, Ella Maillart jusqu'aux confins de l'Asie – comme Nicolas Bouvier, à qui j'aurais volontiers emprunté la formule : « C'est la contemplation silencieuse des atlas, à plat ventre sur le tapis, entre dix et treize ans, qui donne ainsi l'envie de tout planter là. »

*

Aujourd'hui encore il me suffit de fermer les yeux pour la revoir, cette carte punaisée au mur de la classe. Y figuraient les noms merveilleux de Bombay, d'Oulan-Bator, de Vancouver, de Samarkand. Mais celui de Córdoba ?

C'est de Córdoba, en Argentine, à une journée de route au nord-ouest de Buenos Aires, que le matin du 29 décembre 1951 partent Ernesto Guevara, vingt-trois ans, et son ami Alberto Granado, vingt-neuf ans. Guevara et Granado. Granado et Guevara. Les deux G.

L'itinéraire des deux G : Argentine – Chili – Pérou – Colombie – Venezuela.

Leur moyen de transport : une Norton 500 cm^3 1939 qu'ils baptisent *La Poderosa* – *La Vigoureuse*.

La durée du voyage : sept mois.

Sa longueur : huit mille kilomètres.

L'objectif : se confronter à la misère des Sud-Américains ? Prendre conscience de l'impérialisme yankee ? Partager le sort de ceux qu'on exploite, boire au goulot de ceux qu'on opprime ? Sillonner les routes de l'Amérique latine comme on sillonnerait ses *veines ouvertes* ? Écrire cela, ce serait réécrire les motivations du jeune Ernesto à la lumière du mythe qu'est devenu le Che. Ce serait politiser leur voyage. Or les deux G ont un seul objectif : voir du pays. « Le côté transcendant de notre entreprise, souligne Ernesto, nous échappait alors, nous ne voyions que la poussière du chemin et nous-mêmes sur la moto, avalant des kilomètres dans notre fuite vers le nord. » Et c'est au cours du voyage que s'opère une mutation : « Cette errance sans but à travers notre Amérique Majuscule m'a changé davantage que je ne le croyais. » Mais ce voyage n'est d'abord qu'un voyage, un simple voyage initiatique comme des milliers de jeunes gens à travers le monde en ont fait et continuent aujourd'hui à en faire.

De ce voyage, les deux G avaient chacun tiré un récit – dont Walter Salles avait tiré un film. J'avais vu le film, j'avais lu les récits. Comme beaucoup d'adolescents sur cette terre, j'avais eu le portrait du Che par Korda punaisé dans ma chambre. Plus tard, je m'étais penché davantage sur sa vie, j'avais fait ce que je fais le mieux : je m'étais gorgé de lectures. Journaux, témoignages, biographies, tout y passait. La mystique, la part d'absolu, la vision romantique et le refus du compromis : voilà ce qui m'attirait chez le Che. Sans compter le courage que je n'avais pas : celui d'un homme qui subordonne son existence aux exigences d'une cause qui le dépasse. Je n'avais pas l'étoffe d'un révolutionnaire ; j'espérais avoir celle d'un vagabond. Vint le jour où je me décidai à prendre la route. La route du Che.

*

Est-ce que mettre mes pas dans les pas du Che n'allait pas s'avérer écrasant ? Non, car je les mettais dans ceux d'un jeune homme. Un jeune homme qui n'était pas le Che, pas encore, et qui sans ce voyage ne le serait peut-être jamais devenu : un jeune homme étudiant en médecine, amateur de blagues et de filles, un jeune homme fou de lecture et fou de rugby, un jeune homme qui aimait nager dans les torrents, escalader des montagnes et monter à cheval, un jeune homme aventureux, imprudent, casse-cou, brouillon, bûcheur, baiseur (« dès seize ans un baiseur, un terrible baiseur », nous apprend son cousin), un jeune homme avec pour seul idéal une idée haute de l'amitié, et pour meilleur ami un type de six ans son aîné qui l'emmène avec lui sur les routes.

L'itinéraire était tracé, je n'avais plus qu'à le suivre.

Dans ma besace, trois pauvres mots d'espagnol : *no, hablo,* et *español.* Il me fallait à tout prix un compagnon de voyage hispanophone. En appelant Quentin, je connaissais les risques encourus : il était intrépide, inconscient du danger ; il allait au-devant du péril, la fleur au fusil ; l'aventure ne lui répugnait pas, le romanesque non plus. Depuis quelques mois, il vivait à Lanzarote, se levait tôt le matin, il allait surfer quelques vagues, et le reste du temps il se consacrait à la préparation d'un concours extrêmement sélectif qui devait lui ouvrir les portes de la diplomatie. Il venait d'en passer les épreuves écrites : un désastre. C'était foutu, il n'irait pas à l'oral, tant pis, il retenterait sa chance l'année suivante. Le convaincre de m'accompagner n'était pas difficile. Quentin était un voyageur inlassable, emporté par ses désirs d'horizons. S'il était libre, il serait du voyage ; s'il ne l'était pas, il se libérerait. Quand un après-midi de décembre, je lui annonçai que j'allais traverser l'Amérique, je n'eus pas le temps de terminer ma phrase, pas le temps d'ajouter *du Sud à moto* : Mon vieux, je viens avec toi.

Je nous revois un matin, sur la butte Montmartre. Il ne fait pas tout à fait jour, nous ne sommes pas tout à fait réveillés, notre nuit n'est pas faite, nous quittons l'Europe, et, comme César devant le Rubicon lançant à ses légions « À Rome ! », j'entends Quentin dire au chauffeur de taxi, d'une voix assurée : « À Roissy ! » Le taxi devait être à mi-chemin de l'aéroport quand, pris d'un doute, je vérifiai nos billets : l'avion partait d'Orly. Il fallut faire demi-tour, traverser Paris embouteillé dans l'autre sens avant d'arriver à Orly pour s'entendre dire : Embarquement terminé. Par chance, nous étions tombés sur une hôtesse que notre maladresse attendrissait – il n'est pas encore midi, avait-elle glissé d'une voix feutrée à sa collègue, qu'on tient déjà les cons du jour. Sa sollicitude nous valut d'être casés, moyennant supplément, sur un autre vol qui partait le soir même, et faisait escale à Madrid avant de rejoindre Buenos Aires.

Voler vers l'ouest est l'accomplissement d'un vieux rêve mythologique. C'est fendre l'espace et remonter le temps. On se prend pour Cronos, on se croit, pour quelques heures, maître et possesseur du sablier que l'on retourne à sa guise. L'avion venait de dépasser Las Palmas ; Quentin lisait *Sur la route avec Che Guevara*, d'Alberto Granado, et moi j'étais plongé dans le récit qu'avait tiré Ernesto de leurs aventures. Nous volions à huit cent quatre-vingts kilomètres-heure, dix mille mètres au-dessus de l'Atlantique, la température extérieure était de soixante-sept degrés au-dessous de zéro, nous traversions une zone de turbulences, on nous avait priés de rester assis et d'attacher nos ceintures. Il était 21h51 à Madrid, quatre heures de moins à Buenos Aires, je lisais *Voyage à motocyclette* et j'étais sur la *Poderosa*, juché sur le porte-bagages, derrière les deux G dont les écharpes flottant dans le vent me fouettaient le visage. Nous étions en janvier 1952. Dans le rétroviseur défilait la Pampa.

ARGENTINE

Buenos Aires

Les désagréments du voyage sont déplaisants au voyageur, mais profitables à l'écrivain : un passage de douane embrouillé, une rencontre inquiétante au coin d'une rue interlope, un chauffeur de taxi qui vous roule, voilà qui donne matière à chapitre. Davantage en tout cas que la contemplation muette du soleil qui se couche sur des rivages enchanteurs. L'événement malencontreux, l'écrivain a cette consolation de pouvoir en tirer quelque chose. Quand même, je me serais bien épargné celui-ci : on a beau dire, ça n'est jamais très agréable de sentir un tesson de bouteille vous caresser la gorge pendant qu'une main vous empoigne les cheveux.

De Buenos Aires, nous voulions surtout voir la Bombonera, le stade de football où jouait Boca Juniors, sous les couleurs duquel s'était illustré *El Pibe de Oro,* le Gamin en Or – Diego Armando Maradona. Le club était le plus titré d'Argentine, il comptait plusieurs milliers de supporters à travers le pays, des vrais de vrais, fanatiques, ardents, dévoués, brûlant pour leur équipe d'un amour immodéré qui perdurait au-delà de la mort – certains parmi les plus fervents avaient pour dernière volonté que leurs cendres fussent dispersées à même le terrain. Les soirs de match, quand les cinquante-quatre mille aficionados que pouvait contenir la Bombonera se mettaient à sauter comme un seul homme, il n'était pas rare de voir s'élever depuis la pelouse un petit nuage de poussière blême. Quentin rêvait d'assister à une rencontre, de préférence au *Superclásico,* contre le grand rival, l'ennemi de toujours, le club du nord de la ville, celui du fric, de la bourgeoisie, des gens respectables, ces enculés de River Plate. Mais c'était la trêve estivale, et quand la saison reprendrait nous serions déjà loin de Buenos Aires, loin de la Bombonera, tant pis, il faudrait se contenter d'en visiter les tribunes vides.

La Bombonera se trouvait dans le *barrio* de La Boca, et La Boca avait la réputation d'être un quartier dangereux. Les touristes ne s'y aventuraient que pour voir Caminito, une ruelle d'une centaine de mètres avec ses maisons de tôles bigarrées et son pittoresque criard. Ils y arrivaient en taxi ou en bus, prenaient les quelques selfies réglementaires, une photo avec le sosie de Maradona, une autre avec celui du pape François, se faisaient couillonner par des marchands de colifichets qui leur refourguaient de l'*artisanat local* à bas prix, rentraient à l'hôtel, *check,* ils avaient *fait* La Boca. S'éloigner de Caminito n'était pas interdit, mais fortement déconseillé : au coucher du soleil, on pouvait voir patrouiller des voitures de police qui ramenaient sur les sentiers les plus rebattus ceux qui s'étaient imprudemment égarés.

La Boca était un ancien quartier ouvrier, peuplé au début du XXe par des vagues d'émigrés pour la plupart venus de Gênes, aujourd'hui par un lumpenprolétariat qui s'entassait dans des baraques en bois et en zinc à demi défoncées, un quartier pauvre comme il y en avait des milliers d'autres à travers l'Amérique latine, ni plus ni moins violent, ni plus ni moins dangereux que ces milliers d'autres où les chances qu'il ne vous arrive rien étaient infiniment supérieures à celles qu'il vous arrive quelque chose. Il était trois heures de l'après-midi, la Bombonera n'était qu'à cinq cents mètres, que risquait-on ? Au pire, nous n'aurions qu'à courir.

À un croisement, nous ne savions pas s'il fallait prendre à droite ou continuer tout droit, en longeant l'ancienne voie de chemin de fer. Nous aurions bien demandé la direction à suivre, mais il n'y avait pas un chat dans la rue (les Argentins ont pour cela une autre expression tout aussi imagée, ils disent : *no está ni el loro* – même le perroquet n'est pas là). Quentin était partisan de la deuxième solution, moi, sans trop savoir pourquoi, j'étais plutôt en faveur de la première (le sens de l'orientation n'a jamais été mon fort : à Paris, il m'est même arrivé de me croire rive gauche quand je me trouvais rive droite, mais j'arrête ici la digression qui nous emmènerait dans une tout autre direction – la mauvaise, pour mon cas). Je plaidai vaguement ma cause, sans grande conviction. Tout droit, trancha Quentin. Au pire, nous n'aurions qu'à faire demi-tour.

Je ne l'ai pas vu arriver. Il a dû surgir du coin de la rue, ou de derrière l'arbre, je n'en sais rien, toujours est-il que je n'ai pas eu le temps de me mettre à courir. Plus tard, lorsqu'il finirait par lâcher prise, je verrais qu'il avait sur lui le maillot bleu et or du CABJ, le Club Atlético Boca Juniors. Mais sur le moment je ne l'ai pas vu, j'ignorais les habits qu'il portait, j'ignorais à quoi il ressemblait, je sentais seulement sa respiration, son haleine chargée d'eau-de-vie bon marché, puis, très vite, j'ai senti un tesson de bouteille sur ma gorge.

La rue était vide, inutile d'appeler à l'aide, personne ne viendrait à mon secours. Il n'y avait que nous trois, mon agresseur et moi, et face à nous, les poings fermés, prêt à frapper : Quentin. Quentin savait se battre – n'ayant peur de rien, il était même plutôt doué pour cela –, mais son goût de la diplomatie le poussait davantage à éviter l'affrontement. Des années plus tôt, à Lyon, place des Terreaux, devant la fontaine Bartholdi où il venait de séparer deux ivrognes qui se liguaient maintenant pour en découdre avec lui, je l'avais vu désamorcer le conflit d'une manière inattendue : comme s'il voulait être plus libre de ses mouvements, il avait commencé par déboutonner sa chemise, il l'avait délicatement pliée, posée sur le rebord de la fontaine, puis il s'était déchaussé, et il avait défait sa ceinture, qu'il avait posée à côté de la chemise. Il ne lui restait plus qu'un pantalon en lin beige qu'il avait pris le temps de retirer, très tranquillement, presque nonchalamment, comme s'il était à la plage, sur le point de se jeter à la mer, sur le point d'aller piquer une tête, et alors il s'était retrouvé en caleçon, un caleçon, je m'en souviens, à rayures bleues et blanches, devant les deux types effarés. C'était qui, ce malade ? Sa conduite était si absurde, si imprévue qu'elle les désarçonnait tout à fait. Quentin, cette fois-ci d'un geste vif, avait ôté son caleçon pour se retrouver entièrement nu sous les yeux des deux ivrognes : ils s'étaient enfuis sur-le-champ.

Hermano, tranquillo, tranquillo… Quentin essayait d'amadouer le type. Moi, je ne bougeais pas d'un iota, sûr qu'au moindre mouvement il allait m'égorger. Quentin sortit ses poches hors de son pantalon pour lui montrer qu'elles étaient vides. Il n'avait qu'un billet de cent pesos argentins, qu'il déposa aux pieds de mon agresseur en s'inclinant avec déférence. Le type s'accroupit pour ramasser le billet et je m'accroupis en même temps, dans un mouvement parfaitement synchrone, ayant toujours le tesson sur la gorge. Il considéra le butin, ce n'était pas grand-chose, l'équivalent de quatre euros, mais ça lui semblait suffisant. Il relâcha son étreinte et partit à reculons, en même temps qu'il continuait à nous menacer de son tesson. Il se trouvait à une dizaine de mètres déjà :

— Une seconde, dit Quentin. Juste une question.

Le type se figea un instant.

— La Bombonera, reprit Quentin en montrant la direction opposée. C'est bien tout droit, n'est-ce pas ?

Puerto Iguazú – Córdoba – Alta Gracia

Plus grisant que le voyage : l'idée du voyage. Le concevoir, le préparer, le rêver, voilà des voluptés qui suffiraient à vous visser chez vous pour ne plus en partir. Pour les deux G, cette idée naît un matin d'octobre 1951. Ernesto vit à Buenos Aires, où il étudie la médecine et se passionne pour les échecs et la photo. Il est venu rendre visite à son ami Alberto, biochimiste à Córdoba. L'air est pur, le soleil froid, le maté fume dans les calebasses ; à l'ombre d'un oranger, les deux garçons se donnent des nouvelles, on parle de football et de rugby, on commente les résultats des derniers matchs, les derniers livres qu'on a lus, inlassablement on refait le monde en se disant que tout de même, on serait mieux avisé d'aller le voir. À ce propos, dit Alberto. Et il explique à son ami qu'il a fini de retaper la *Poderosa*, la vieille Norton 500 qui rouillait sous la treille. Il ajoute qu'il a soif, soif d'Amérique, soif d'horizons. Si je prenais la route… Et je veux croire qu'il n'a pas le temps de terminer sa phrase, je veux croire qu'Ernesto le coupe en lui disant ce que Quentin m'a dit soixante-cinq ans plus tard : Mon vieux, je viens avec toi.

Les deux G ne sont jamais passés par Puerto Iguazú ; j'aurais préféré m'en tenir à leur itinéraire, mais la moto que nous avions trouvée nous attendait là-bas. L'ami d'un ami, qui vivait à Bariloche, en Patagonie, avait dégoté sur un site de vente en ligne une Royal Enfield Continental GT 535, et il comptait sur nous pour la lui livrer à l'autre bout du pays. Cela nous faisait faire un détour, oh, pas grand-chose, à peine trois mille kilomètres, mais au moins nous pourrions voir les chutes d'Iguazú, au point de jonction de la triple frontière Argentine-Brésil-Paraguay.

Après quelques jours à Buenos Aires, nous voici donc au bord d'une route, à tendre le pouce en espérant qu'une âme charitable nous prenne en pitié. Un pick-up s'arrête. Les trois places de l'unique banquette sont occupées, on n'a que la benne à nous offrir, mais si nous ne sommes pas trop regardants sur le confort, nous pouvons la partager avec une roue de secours, un jerrican d'essence et deux adorables brebis. On s'arrêterait à Posadas, à trois cents kilomètres au sud de Puerto Iguazú : c'était sur la route, on n'allait pas chipoter. Le pick-up s'ébranla dans la nuit. Nos sacs en guise d'oreillers, quelques bouquins pour nous tenir compagnie, deux brebis blanches contre lesquelles nous blottir, et le ciel en grande pompe. Cette nuit-là, des gens déboursèrent des sommes exorbitantes pour jouir des agréments d'un hôtel cinq étoiles. Nous, sans dépenser un centime, nous en avions des milliers au-dessus de la tête.

Deux jours passèrent, que j'éluderai. Nous vîmes les chutes d'Iguazú, que je ne décrirai pas : ne me viendraient que des superlatifs sans intérêt, qui ne diraient rien à qui ne les a jamais vues. *Nada* sur le petit train qui traverse la forêt tropicale, sur les innombrables coatis qu'on y voit, sur l'inimitable chant du toucan ni sur l'interminable passerelle qui vous mène à la *Garganta del Diablo.* Non, je ne dirai rien de tout cela, pas un mot sur les chutes d'Iguazú qui sont un peu moins de trois cents et s'étendent sur un peu plus de trois kilomètres et déversent, au moment où j'écris ces lignes, à la seconde même où vous les lisez, des millions de litres d'eau qui rejaillissent en tourbillons d'écume des dizaines de mètres plus bas, dans un vacarme argentin. Pas un mot de ces chutes auréolées d'un arc-en-ciel perpétuel, merveilleuses chutes d'Iguazú en regard desquelles celles du Niagara ne sont qu'un robinet qui goutte.

À Puerto Iguazú, nous avions récupéré la moto, puis avalé en deux jours les mille cinq cents kilomètres qui nous séparaient de Córdoba. À une petite heure au sud de la ville : Alta Gracia, où Ernesto a passé la majeure partie de son enfance, entre quatre et seize ans. Voir de nos propres yeux dans quelle terre ordinaire, dans quel climat germa le Che, cela méritait bien un détour.

Qu'est-ce que c'est, l'enfance du Che ? Des crises d'asthme à répétition. L'air est enfermé dans les bronches, quand on expire, ça siffle comme un train, on a l'impression chaque fois de mourir étouffé. On consulte des médecins, on essaye des remèdes divers et variés, mais rien ne fonctionne, il faut changer de climat : direction Alta Gracia, en moyenne montagne où l'air est plus sec. On grandit comme on peut, l'inhalateur toujours dans la poche, on fait du poney, du tennis, du vélo, on apprend à parler le français, on lit Baudelaire et Neruda, on joue au foot et au rugby, bref, on n'est pas encore Che Guevara mais on s'applique à le devenir.

Depuis quelques années on pouvait visiter sa maison d'enfance, transformée en musée. J'ai oublié le nom de la rue dans laquelle elle se trouve, pas celui de la perpendiculaire à celle-ci : rue Émile-Zola. Le quartier était résidentiel, la maison, des années trente, de taille moyenne, avec un toit en zinc, une terrasse couverte, un jardinet. Une statue d'Ernesto en culottes courtes, un peu plus loin, un buste du Che au béret, entre les drapeaux argentin et cubain. Sur un mur, une plaque dorée commémorait la visite de Fidel et Chávez en juillet 2006. Dans la maison, quelques documents, quelques photos retraçaient la vie du Che. Dans une salle se trouvait une moto, une vraie, une Norton 500 cm^3 1939, copie conforme de celle avec laquelle les deux G avaient commencé leur voyage, soixante-cinq ans jour pour jour avant nous. Et derrière la moto, derrière une vitre encastrée dans le mur, l'urne où reposaient les cendres d'Alberto Granado.

Parc national Quebrada del Condorito

Dans ce qui est sûrement l'un des plus beaux passages d'*Ébène*, le récit de ses aventures africaines, Ryszard Kapuściński raconte pourquoi il n'y a pas de cimetières d'éléphants dans la brousse. On ne retrouve jamais leur dépouille – enjeu de taille, précise-t-il, car les défenses d'éléphant représentent des sommes d'argent colossales. L'explication est assez simple : l'éléphant, quand il est vieux et fatigué, ne peut plus soulever sa trompe et doit s'avancer dans l'eau du lac ou de la rivière pour assouvir sa soif. Ses pattes s'embourbent dans la vase, le lac l'attire dans son abîme. Pendant un certain temps, poursuit l'écrivain polonais, l'éléphant se débat, lutte, essaye de se tirer de la boue, de revenir sur la berge, mais il est trop massif, et la force d'attraction du fond si paralysante qu'il finit par perdre l'équilibre, tombe et disparaît à jamais dans les flots : c'est ainsi, conclut-il, que se trouvent au fond des lacs des cimetières d'éléphants antédiluviens. Kapuściński dit tenir cette histoire du docteur Patel, un Ougandais qui l'a soigné du paludisme à l'hôpital Mulago de Kampala. Je ne sais si elle est vraie, je n'ai pas vérifié, mais, bien qu'elle ait tout de la légende, elle me plaît. Elle me fait penser à cette autre légende qui me fut racontée plusieurs fois, avec d'infimes variations, au Chili, au Pérou, en Bolivie, mais d'abord dans le parc national Quebrada del Condorito, à une petite heure de route à l'ouest d'Alta Gracia.

La principale attraction du parc est le condor. Il suffit, dit-on, de lever les yeux pour en voir. Vous marchez pendant trois heures la tête en l'air, à l'affût, scrutant le moindre mouvement dans le ciel, sans succès. Vous devez vous rendre à l'évidence : il n'y a pas plus de condors dans ce parc qu'il n'y a de monstre dans les eaux du loch Ness. Vous vous posez non loin d'un ravin, au fond duquel roulent des eaux torrentielles. Vous êtes d'humeur maussade, déçu comme peut l'être un enfant à qui l'on a fait la promesse d'un jouet nouveau, et qui trouve le magasin porte close. Vous contemplez mélancoliquement l'infatigable travail des fourmis à vos pieds, qui en travers d'un chemin caillouteux bâtissent un empire minuscule. Soudain, sur la paroi d'une gorge apparaît une ombre à l'envergure inhabituelle. Vous levez la tête : un condor. Il ne brasse pas l'air de ses ailes, comme le font la plupart des oiseaux. Il se joue du vent, se laisse porter par les courants, planant avec majesté sur son royaume de falaises. Il finit par atterrir, à une vingtaine de mètres de vous. Avec son plumage noir qui lui fait une robe, avec autour du cou sa collerette de plumes blanches, on pourrait le croire avocat : maître Condor s'apprête à plaider.

Il aurait fort à faire avec sa propre cause en Europe, où c'est peu dire que sa réputation est mauvaise : c'est un vautour, un charognard – il n'est qu'à voir son bec crochu, sa tête pelée, parfois maculée du sang des carcasses qu'il dépèce. Pour rien au monde on n'en voudrait au-dessus de nos têtes. Mais dans les Andes... Dans les

Andes on le vénère, c'est un symbole, un animal totem, et l'on raconte à son sujet d'innombrables légendes, dont celle-ci : le condor est monogame et fidèle ; quand il s'accouple, il reste avec sa partenaire tout au long de sa vie épris comme au premier jour, et cela peut durer des années, car le condor peut vivre cinquante ou soixante ans. Quand meurt la femelle, le mâle, éploré, prend de l'altitude, monte le plus haut possible, aussi haut que le portent les courants ascendants, plane une dernière fois, replie ses ailes, se recroqueville sur lui-même et se laisse choir pour s'écraser cinq ou six mille mètres plus bas, retournant à la montagne, d'où il pourra renaître. Mais si c'est le mâle qui meurt le premier, et que la femelle lui survit ? Que fait-elle ? Est-ce qu'elle se laisse, elle aussi, mourir de dépit ? Non, dit la légende : elle se trouve un autre mâle.

Buenos Aires

« Comme j'aimerais que tous les gens occupés ou investis de missions, hommes et femmes, jeunes et vieux, sérieux ou superficiels, joyeux ou tristes, abandonnent un beau jour leurs besognes, renonçant à tout devoir ou obligation, pour sortir dans la rue et cesser toute activité ! » En repassant brièvement par Buenos Aires, je crus voir exaucé le vœu de Cioran. Nous avions fait halte chez un de ces bouquinistes où une échelle aux barreaux inégaux vous mène au plafond jusqu'où s'entassent des milliers de livres en tout genre, dans un désordre savamment orchestré. Il se trouvait dans le quartier de

San Nicolás, qui avec celui de Montserrat forme en partie le Microcentro, le quartier d'affaires où de grandes tours de verre et d'acier coudoient des immeubles haussmanniens.

En sortant de la librairie, *té-ma*, me dit Quentin qui levait la tête : de minuscules carrés blancs se découpaient dans le ciel bleu. C'étaient des feuilles de papier, qui s'envolaient par dizaines du dernier étage d'une tour. Un peu plus loin, les trottoirs étaient jonchés de papier, partout dans la rue et dans les rues adjacentes il en tombait de chaque fenêtre. Nous avancions la tête en l'air, et du papier nous tombait dessus comme des pétales sur les mariés à la sortie de l'église. Je ramassai une feuille à demi déchirée : c'était l'ordre du jour d'une réunion que quelqu'un, là-haut, dans l'un de ces bureaux à néons et grandes baies vitrées, avait jugé opportun de jeter par la fenêtre. Nous imaginions un cadre moyen larbinisé depuis des lustres dénouer sa cravate au beau milieu d'une réunion stratégique, les horaires infernaux, les brimades continuelles d'un N+1 lunatique, l'atroce ennui de son job, tout cela d'un seul coup le submerge, il lui faut à tout prix se libérer sur-le-champ de ses chaînes, alors il se lève, ouvre la fenêtre, et sous les yeux effarés des directeurs délégués, du directeur commercial et du PDG de la boîte, il fait ce que Cioran appelait de ses vœux : il abandonne sa besogne, il renonce à ses devoirs et ses obligations et, pour marquer le coup, il déchire l'ordre du jour de cette réunion à la con – et le balance par la fenêtre. Et ce qui devait être l'égarement passager d'un énième employé en burn-out fait ce jour-là des émules, et bientôt d'autres s'y mettent, les secrétaires, les consultants, les DRH, les responsables marketing, tous jettent leurs dossiers à travers les fenêtres, et les directeurs délégués s'y mettent aussi, et le directeur commercial, et le PDG lui-même, qui pousse un cri de soulagement en envoyant valdinguer dans les airs le bilan comptable de l'année, et alors le bruit se répand de rue en rue, dans tout le voisinage, et le quartier tout entier est pris d'une frénésie collective : dans chaque bureau, à chaque étage de chaque tour, on déchire ses dossiers, on ouvre les fenêtres, et hop, on fait ses adieux définitifs au monde du travail. Voilà ce que nous nous plaisions à imaginer en voyant tous ces papiers voler depuis les tours du quartier d'affaires de Buenos Aires, en ce dernier jour de l'année. Et ça n'est que plus tard dans la nuit, dans un bar du Retiro, à la faveur d'une conversation entre deux verres de malbec, qu'une avocate argentine nous apprit cette tradition réjouissante des employés de bureau du Microcentro : chaque année, le 31 décembre, ils se débarrassent des papiers dont ils n'ont plus l'utilité en les jetant par la fenêtre.

San Carlos de Bariloche – San Martín de los Andes

La Pampa. Ses plaines infinies sous le ciel infini, et en les traversant ce sentiment étourdissant qui vous étreint, celui d'une immense liberté, de la conscience aiguë d'être en vie… Mille kilomètres parcourus d'un seul trait, de Bahía Blanca à San Carlos de Bariloche, et vous voici dans le Tyrol autrichien : des lacs, des montagnes, du chocolat.

À Bariloche, je me répétais sans cesse: je suis en Patagonie, je suis en Patagonie, je suis en Patagonie. Le nom m'avait fait si puissamment rêver dans mon enfance que j'avais peine à y croire. Je voulais descendre plus au sud, El Chaltén, Torres del Paine, Ushuaïa, la Terre de Feu… Mais les deux G n'avaient pas daigné pousser jusque-là. Et puis il nous fallait remettre la moto à son propriétaire légitime, un Argentin dont la famille, originaire de Poméranie occidentale, s'était posée là dans les années cinquante, et qui me pria instamment de mentionner son nom si je devais tirer de mon voyage un récit: Hans-Jürgen Schönhage, voilà qui est fait.

Entre San Martín de los Andes et San Carlos de Bariloche, Ernesto prédit qu'un jour, fatigué de courir le monde, il reviendrait s'installer sur cette terre argentine: « Et je visiterai à nouveau la zone des lacs de la cordillère, et j'y habiterai. » Le temps qu'on passe à faire des projets que la vie vient défaire sera toujours pour moi un sujet d'étonnement. Il n'y est jamais revenu. Il n'y a jamais habité. Il ne tenait qu'à moi, à plus d'un demi-siècle d'écart, de réparer ce qu'avait contrarié le destin: un après-midi de janvier je l'emmenai avec moi, dans ma poche, jusqu'au Cerro Campanario, d'où il a pu jouir quelques instants de la vue sur le lac Nahuel Huapi, en fumant son cigare. Il n'avait pas l'air malheureux ce jour-là.

Nous étions depuis deux jours à Bariloche d'où Quentin ne voulait plus partir: il avait rencontré une fille, et ne la retrouvait pas. Les traits de son visage, sa physionomie se sont effacés de ma mémoire, mais pas le timbre de sa voix, et surtout pas ce tic de langage

Che Guevara fumant le cigare depuis le Cerro Campanario, à San Carlos de Bariloche.

propre aux Argentins, qui revenait dans sa conversation avec une fréquence étonnante : *che.* L'interjection sortait si régulièrement de la bouche d'Ernesto Guevara que les Cubains la lui donnèrent pour surnom. Dans un bar de Bariloche, dont je me souviens seulement qu'il y avait sur la porte des toilettes une photo en noir et blanc d'Al Capone un cigare à la bouche, Quentin avait donc fait la connaissance d'une fille. Moi, j'étais rentré à l'auberge, les laissant dîner tous les deux d'une *parilla* dans un restaurant de grillades. Ils s'étaient rapprochés l'un de l'autre, elle ne couchait pas le premier soir, jamais, mais le second pourquoi pas, et, d'ailleurs, ils avaient prévu de se revoir le lendemain. Il voulait entrer dans la diplomatie ? Elle lui avait laissé entendre qu'elle pourrait l'élever au rang d'ambassadeur extraordinaire et plénipotentiaire d'une contrée de plaisirs dont il serait l'unique ressortissant ; l'affaire semblait bien engagée, la fille, *che*, lui avait même laissé son numéro de téléphone ; et comme son iPhone n'avait plus de batterie, Quentin avait griffonné ledit numéro dans la marge d'un billet de cent pesos, qu'en rentrant à l'auberge où nous logions il avait négligemment posé dans une chaussure, au pied de son lit. Réveillé avant lui, j'avais trouvé le billet qui traînait là, avec quoi j'étais allé m'offrir une *empanada* au poulet.

Désespoir de Quentin.

Il fallut retourner à l'*empanadería*, expliquer l'affaire au gérant, le prier de passer sa caisse en revue à la recherche du billet où se trouvait le numéro de la fille. Mais le billet avait disparu, il devait être dans la poche ou dans le portefeuille ou dans les mains d'un client, et bientôt il serait laissé en guise de pourboire dans un restaurant de la ville, puis ramassé par un garçon de café qui l'échangerait contre un paquet de Marlboro chez un buraliste qui le rendrait avec de la monnaie à un touriste américain venu acheter des timbres, puis oublié au fond d'une poche et retrouvé dix jours plus tard, froissé, délavé, dépourvu du numéro de téléphone qu'un essorage à mille deux cents tours par minute dans une laverie de Baton Rouge, Louisiane, aurait effacé à jamais. Quentin n'avait ni le numéro, ni l'adresse, ni le nom de la fille ; un prénom, il n'avait qu'un prénom, si commun qu'il ne lui était d'aucune aide. Pendant trois jours, je parcourus avec lui les rues de Bariloche, cent dix mille habitants, épiant la moindre silhouette, scrutant le moindre visage, espérant à la faveur du hasard recroiser celui de la fille, et quand, à la tombée de la nuit, après des heures de recherches infructueuses, nous nous affalions sur les tabourets du bar où ils s'étaient rencontrés, Quentin lâchait dans un lamento douloureux : La femme de ma vie, tu te rends compte, c'était peut-être la femme de ma vie. (Et moi je l'avais dévorée, sous la forme d'une *empanada* au poulet.)

Nous avions loué des vélos pour rejoindre San Martín de los Andes par la route des Sept Lacs. Deux jours à pédaler, une nuit sur place à côté d'une grange où les deux G avaient dormi, une meule de foin en guise d'oreiller. C'est là qu'Ernesto a écrit : « Je sais maintenant que mon destin est de voyager et je l'accepte avec une sorte de fatalisme. » Puis il fallut prendre la route dans l'autre sens. J'avais fait don d'une journée de poussière et de sueur à l'eau du lac Hermoso ; Quentin venait d'installer la tente, il faisait maintenant griller des steaks au-dessus d'un barbecue de fortune ; le soir venait comme un voleur, à pas de loup, et aujourd'hui qu'ont passé mes souvenirs, et qu'il m'est si difficile d'en raviver la couleur, je me dis que j'aurais pu les mettre à profit, ces heures oisives au bord du lac Hermoso, j'aurais pu sortir mon carnet, prendre des notes, consigner tout cela, or je suis resté allongé la tête en appui sur mon sac, et pas un instant je n'ai songé à jeter mes impressions sur la page, pas même en quelques lignes, pas même en un quatrain, non, je n'ai pas pu

en un quatrain garder la trace
de ces heures exquises tant
nous n'avions d'autre passe-temps
que d'éprouver le temps qui passe

CHILI

Vers Valparaíso

Le Chili se passe aisément de GPS : pas une rue qui n'ait déjà été cartographiée par un poète. Sans la moto, c'est en stop que nous devions remonter « ce lambeau de terre, étroit et long, suspendu au continent comme une épée à sa ceinture » : la plus belle métaphore sur le Chili est à mettre au crédit de Miguel Bonnefoy.

Faire de l'auto-stop. Les Colombiens ont une expression beaucoup plus poétique. Ils disent : *ir con el chance*, « aller avec la chance ». J'ignore si les Chiliens ont la même, mais après avoir marché tout le jour dans les rues de Puerto Montt, nous avions décidé de tenter le coup, d'aller avec la chance. Sur la route de Valparaíso, nous n'avons jamais eu à tendre le pouce très longtemps : les Chiliens étaient si accueillants qu'ils nous consolaient d'avoir dû laisser la moto, et si nous devions trouver quelque consolation supplémentaire, nous n'avions qu'à lire les carnets des deux G : mieux valait ne plus avoir de moto qu'aller sur la leur. La *Poderosa* ? Un tas de ferraille. Quand ce n'est pas le guidon qui se brise, c'est un pneu qui crève, ou la chaîne qui casse, ou les freins qui lâchent. Plusieurs fois, les deux G finissent dans le fossé. Il faut s'épousseter, se soigner, passer des heures, des jours à retaper la moto. À la sortie d'un village, la *Poderosa* fend un troupeau de vaches et finit sa course entre deux pierres : la fourche avant est dessoudée, le châssis protégeant la boîte de vitesses est foutu. Un camion l'emporte jusqu'à Santiago où les deux G lui font leurs adieux. Ils ne sont plus désormais que « deux vagabonds non motorisés ».

Joaquín, un Argentin, nous avait pris en stop. Il portait un pull poché aux coudes et une moustache en forme de *tilde*, cette vaguelette qui coiffe le *n* de Roberto Bolaño. Il nous avait déposés entre Peulla et Petrohue, sur les rives du lac Todos los Santos, face au volcan Osorno, où nous avions planté notre tente. Nous étions maintenant à Niebla, assis sur la plage. Quentin fumait, je regardais flotter les barques en bois jaune, le soleil faire naufrage dans le Río Valdivia. Le paysage avait passé avec la lumière un pacte sacré. J'éprouvais un contentement paisible, une quiétude diffuse, la sensation, en somme, d'être *là où je me devais d'être*. Partir loin, c'est encore le meilleur moyen de se mettre à distance de soi-même. À ceux qui voyagent dans l'espoir de se trouver, j'ai toujours préféré ceux qui le faisaient dans le but de se perdre : en levant les yeux sur le monde, on se regarde un peu moins le nombril. Pourquoi voyager ? Chacun a ses raisons. Moi, c'était pour aiguiser mon regard que chaque jour passé au même endroit achevait d'émousser. Hippolyte Taine avait synthétisé cela dans un aphorisme parfait : « On voyage pour changer, non de lieu, mais d'idées. »

Quentin finit par se lever.

On y va ? dit-il.

Encore un moment, dis-je. Rien ne presse : l'allégresse est une hormone trop rarement sécrétée pour la bouder quand elle vient.

Sur les rives du lac Todos los Santos, face au volcan Osorno.

Valparaíso

Un bric-à-brac fait de bric et de broc et de collines aux mille couleurs : Valparaíso (Valpo, pour les intimes). Quarante-deux collines – les *cerros* – surplombent la ville basse, où se trouvent le quartier d'affaires et le port : y faisaient escale autrefois tous les navires qui passaient d'un océan à l'autre via le détroit de Magellan. Un jour, on songea qu'il serait moins compliqué, moins long et surtout moins coûteux de s'épargner le cap Horn en traversant l'Amérique dans le sens de la largeur : on fit construire un canal. On peut dater très précisément le début du déclin de Valparaíso à l'après-midi du samedi 15 août 1914, quand, pour la première fois, un navire emprunta le canal de Panamá. Qu'en reste-t-il, de cette époque opulente ? La splendeur décatie de quelques palais reconvertis en hôtels et la nostalgie lancinante d'une ère glorieuse à jamais révolue. Valparaíso serre le cœur : comme Venise, elle vit à crédit sur un passé prestigieux.

C'est pourtant moins à Venise qu'à Burano, dans la lagune, que fait songer Valparaíso : comme à Burano, les maisons sont bigarrées de bleu turquoise, de rose vif, de rouge écarlate, de jaune citron, de vert pomme... À Burano, c'était pour servir de repères aux pêcheurs dans la brume hivernale. À Valparaíso, on avance deux hypothèses à cette orgie de couleurs : pour protéger leurs maisons aux murs en adobe, les *porteños* récupéraient la tôle abandonnée par les navires. La tôle ne se fissure pas, ne se déforme pas, ne fuit pas. Seul inconvénient : elle rouille. Or quoi de plus déprimant, de plus laid que des façades en tôle brunies de rouille ? On a pris le parti de les colorer de peinture vive, destinée à la coque des bateaux.

À cette explication, on peut en préférer une autre, plus poétique : dans la seconde moitié du XIXe siècle, quand la ville commença à s'étendre de la partie basse aux flancs des collines, comme tout allait trop vite et qu'on peinait à se mettre d'accord sur le nom de ces rues nouvelles, il fallut trouver un moyen de s'orienter : « Allez tout droit jusqu'à la maison jaune, tournez à gauche après la rouge, et vous y êtes : c'est la rose, entre la verte et la bleue. » On peut rêver d'un monde où les noms n'existeraient pas – où les villes, les rues, les gens même n'auraient pas de nom, un monde où, faute de pouvoir nommer, il faudrait *tout décrire*. Essayons. Ce poète chilien, qui fut aussi diplomate, souvent représenté coiffé d'un béret, la pipe à la bouche, vous l'avez ?

À l'Hostal Voyage, l'auberge du Cerro Alegre où nous étions descendus, nous avions rencontré Nicolas, un Français originaire de la région parisienne, qui connaissait par cœur le catalogue des éditions de Minuit. D'Almendros à Viel en passant par Chevillard, Echenoz et Toussaint, il avait *tout* lu. On ne pouvait pas le prendre en défaut. Le type avait planté sa tente rue Bernard-Palissy pour ne plus en partir. Il lisait aussi de la poésie, et il avait dans son sac les *Vingt poèmes d'amour* de Neruda dont il voulait voir les trois maisons : la *Chascona*, dans le barrio de Bellavista, à Santiago, la *Sebastiana*, avec sa vue sur la baie de Valparaíso, et *Isla Negra*, à quatre-vingts kilomètres au sud de la ville.

À l'entrée d'*Isla Negra*, une employée de la Fundación Pablo Neruda nous demanda si nous avions réservé.

— *Claro que sí*, dit Nicolas. *Tenemos una reservación.*

— *Qué nombre ?* demanda l'hôtesse.

Juan Pérez, avait lu Nicolas, était le nom le plus répandu au Chili, l'équivalent de Jean Martin en France ou de John Smith aux États-Unis.

— Pérez. Juan Pérez.

Il n'était pas impossible, après tout, qu'un Juan Pérez eût réservé ce jour-là.

— *Bienvenido a la casa de Pablo Neruda, señor Pérez*, sourit l'hôtesse en nous tendant nos billets.

En fait de maison, c'était une enfilade de maisonnettes de granit et de bois, reliées par des escaliers, couvertes de toits en zinc pour entendre la pluie et ouvertes sur d'immenses baies vitrées pour voir l'océan. Une ruine achetée en 1938, que le poète a retapée petit à petit pour en faire son « bateau ancré sur la terre ». Un poème surréaliste, avec des coquillages et des bouteilles de verre, des maquettes de bateaux et des masques africains, des statuettes et des instruments nautiques, des figures de proue dans le salon, des bibelots partout, et dans le bureau la porte en bois d'un navire, échouée sur la plage et qui servait à Neruda d'écritoire. Pour élever l'écriture au rang de rituel sacré, il se lavait les mains *avant* et *après* l'acte d'écrire. Dans la penderie, le smoking qu'il portait le jour où on lui remit le Nobel. De littérature, en 1971. Mais en sortant de sa maison, nous étions tous d'accord : s'il existait un Nobel de décoration d'intérieur, il était pour lui.

Dans le jardin, un petit bateau de pêche, une locomotive à vapeur rouge et noire et la tombe du poète. Dans ses dernières volontés, Neruda a écrit : « Mes compagnons, enterrez-moi à l'Île Noire, face à la mer que je connais, face aux âpres surfaces de pierres et de vagues que mes yeux perdus ne reverront jamais. » C'est aussi ce qu'avait voulu Chateaubriand. Le programme me plaisait.

De sa vie faire une flambée
Puis s'en aller sans préavis
Avoir du bleu pour vis-à-vis
Comme un Malouin sur le Grand Bé

Sur le Paseo Yugoslavo, trois couples d'octogénaires dansaient le tango. En terrasse, Quentin fumait. Il avait l'air songeur, presque soucieux. Je lisais Neruda : « À l'époque la plus désordonnée de notre jeunesse nous montions tout à coup, toujours à l'aube, toujours sans avoir dormi, toujours sans un *centavo* en poche, dans un wagon de troisième classe. Nous étions des poètes ou des peintres d'une vingtaine d'années, pourvus d'une bonne charge de folie irréfléchie qui voulait agir, s'étendre, éclater. De toute sa force magnétique, Valparaíso nous appelait. » Valparaíso est une Calypso : de toute sa force magnétique, elle nous retenait. Nous avions besoin d'argent. Je fis quelques piges pour la presse, qui me seraient réglées des mois plus tard, à Cuba. Qu'importe, nous voyagions chichement. Nous restâmes encore quelques jours, puis, un matin, il fallut reprendre la route. Quitter Valparaíso. Nous arracher à ses collines. Adieu, Valpo.

Sur la route de Santiago

Cent vingt kilomètres séparent la plus belle ville du Chili de sa capitale.

S-A-N-T-I-A-G-O : les lettres étaient écrites en majuscules, au feutre noir, sur un bout de carton que nous avions trouvé à l'auberge avant de nous poster au bord de la Ruta 68 le pouce en l'air. Une heure, deux heures passèrent en même temps que des dizaines, des centaines de véhicules dont les occupants faisaient mine de ne pas nous voir. Quentin enchaînait les cigarettes sans se départir de son flegme : c'est pour des moments comme ça, disait-il, que la clope a été inventée. Moi qui ne fumais pas, je commençais à perdre patience, et pour passer le temps je lui racontai le premier amour d'Ernesto Guevara.

Le voyage des deux G aurait bien pu s'achever au bout de quinze jours, à Miramar, une petite station balnéaire sur la côte atlantique, où Ernesto retrouve Chichina, sa fiancée de seize ans. Il lui offre un chien qu'il a appelé Come-Back, « symbole des liens qui réclament mon retour ». Les deux G devaient n'y passer que deux jours, mais les deux jours programmés s'étirent « comme des élastiques, jusqu'à en devenir huit ». Ernesto hésite à prendre racine auprès de sa brune aux yeux verts : « Le voyage y est resté en suspens, indécis, tout entier subordonné au mot de consentement qui me retiendrait. »

Alberto s'imagine déjà seul, tant pis, il va devoir faire sans son ami, et puis l'ami finalement reprend la route avec lui. Quand ils franchissent la frontière chilienne, Ernesto reçoit une lettre de rupture : « Je lisais et relisais l'incroyable lettre. Ainsi, d'un seul coup, tous les rêves de retour rivés aux yeux qui m'avaient vu partir de Miramar s'écroulaient, de façon apparemment tout aussi insensée qu'ils étaient venus. » Il existe un terme en espagnol pour qualifier le chagrin d'amour plus fort encore que le chagrin d'amour : *el despecho* – littéralement, « la dépoitrine ». Ce sentiment qu'on vous arrache le cœur. Est-ce que le Che lisant et relisant la lettre de rupture est pris de *despecho* ? Pas vraiment. Il hésite entre s'apitoyer sur son sort et s'en foutre : « J'ai commencé à trembler pour moi-même et j'ai entamé une lettre larmoyante, mais c'était impossible ; inutile d'insister. » Puis il se décide à reconquérir Chichina, mais s'endort : « Je devais la reconquérir par la pensée. Je devais lutter pour elle, elle était mienne, elle était m… Je me suis endormi. »

— Voyager au lieu de s'installer bourgeoisement, ça, dit Quentin, pas de doute, c'est de gauche.

Depuis le début du voyage, notre jeu préféré consistait à classer tout et n'importe quoi *politiquement*, selon l'opposition binaire droite/gauche. Certaines catégories ne donnaient pas lieu à débat : la chasse à courre, par exemple, était de droite, mais la pêche aux moules de gauche. D'autres étaient moins évidentes. Et tout avait vocation à être classé : la pilosité (la moustache est de droite, la barbe est de gauche), les livres (de droite quand ils sont brochés, de gauche quand ce sont des poches), les sports (le tennis est de droite, le tennis de table est de gauche), les attitudes (se hâter est de droite, flâner est de gauche), les couleurs (le bleu est de droite, le rouge est de gauche – mais le pantalon rouge est de droite), la façon de porter les habits (sur les épaules, le pull est de droite, mais de gauche autour de la taille). Le bœuf est de droite, la côte de bœuf est de gauche, l'émincé de côte de bœuf au citron vert et au fenouil est de droite. Entre les doigts boudinés d'un homme d'affaires ventripotent le cigare est de droite, mais il est de gauche entre les lèvres du Che. Faire son marché est de gauche, mais de droite quand c'est au Bon Marché. La pipe : de droite quand elle se fume, de gauche quand elle se fait.

— Et l'auto-stop alors ? Droite ou gauche ?

— Gauche, dis-je. Évidemment que l'auto-stop est de gauche : solidarité, rejet de l'individualisme, désintéressement…

— Arrête-toi !

— Si je veux. Altruisme…

— Arrête-toi ! Arrête-toi !

— Insoumission au marché…

— Elle s'arrête, putain, elle s'arrête !

Une Toyota venait de s'arrêter devant nous. Son conducteur nous fit signe de monter. Débardeur blanc, bras couverts de tatouages, crâne rasé. Le genre à avoir sa photo punaisée sur le tableau de liège d'un commissariat. Ne te fie pas aux apparences, dit Quentin qui me voyait réticent, je suis certain qu'il a un cœur d'enfant. (Et moi je pensais : chez lui, dans un bocal de formol.)

Le tableau de bord éventré laissait apparaître des fils. Il n'avait pas la clé. C'est au tournevis qu'il démarra la voiture. Notre chauffeur était volubile : cette caisse, il l'avait tirée à Valparaíso, et maintenant il la conduisait à Santiago, où elle finirait en pièces détachées. Il avait commencé par vivre de petits larcins, mais très vite il s'était mis à voler les gens dans des parcs. Portefeuilles, montres, sacs à main, tout y passait. Il avait une seule règle : jamais les petites vieilles. Les petits vieux, oui, mais les petites vieilles, jamais. En général, on ne lui opposait aucune résistance. Il faut dire qu'il avait toujours sur lui son petit compagnon – *mi pequeño compañero*: un 9 millimètres semi-automatique, qui se trouvait dans la boîte à gants. Vous voulez le voir ? Non, merci, dit Quentin avec un sourire de dénégation. Moi, à l'arrière, je faisais mine de ne pas comprendre un mot d'espagnol. Et quand notre chauffeur jetait un œil dans le rétro intérieur, je souriais benoîtement.

Santiago

À Santiago, Quentin m'apprit qu'il avait reçu un mail qu'il n'aurait jamais cru recevoir. Les écrits de son concours, qu'il était sûr d'avoir ratés ? Ce salaud les avait réussis : il était admissible à l'oral. C'était improbable, c'était même inespéré, il ne pouvait pas laisser passer pareille occasion – désolé, mec, je dois rentrer à Paris. Il avait su cela quand nous étions à Valparaíso, et, depuis, il cherchait pour m'en informer le moment opportun. Il pensait que j'allais m'en offusquer, lui reprocher sa défection. Mais j'étais plus heureux pour lui que triste pour moi. On passa la dernière soirée à descendre des bières, avant de se donner un *abrazo* plein d'affection.

Ni gâteau ni bougies pour mon trente et unième anniversaire, que je fêtai devant le poste de télévision de l'auberge, en regardant le Super Bowl. Un peu plus tôt dans la journée je m'étais promené dans les jardins du Cerro San Cristóbal. Il n'y avait pas un nuage, pas même un de ces filaments blanchâtres qui parfois s'étirent dans le ciel. J'étais seul désormais, et la solitude est le combustible de l'imaginaire : j'allais pouvoir rêver tout mon soûl. J'étais heureux d'être là, et pourtant quelque chose, au fond de moi, aspirait à *l'ailleurs*. On n'est jamais tout à fait satisfait de son sort : dans les Highlands, on songe au désert d'Arabie ; dans le désert d'Arabie, aux fjords norvégiens ; dans les fjords norvégiens, à la steppe eurasienne, et dans la steppe eurasienne, assis en tailleur autour du poêle sous le toit d'une yourte, on rêvera des fastes rococo d'un palais vénitien. C'est ainsi : le plus beau des voyages sera toujours celui qui reste à faire. À Santiago – chaleur infernale, soleil brûlant, ciel bleu –, où je lisais le *Journal du Congo* d'Ernesto Guevara, mes rêves me portaient vers l'Afrique. Je m'imaginais la remonter avec un ami du Cap au Caire, je nous voyais roulant à bord d'une Land Rover que n'arrêteraient ni trous ni ornières ni routes ensablées, faire halte dans d'improbables villages aux toits de chaume, y dormir quelques heures, repartir avant l'aube en ne laissant dans la lumière de nos phares qu'un nuage de poussière et d'éphémères sillons de latérite. Ce *Journal du Congo*, je l'avais trouvé ici, à Santiago, chez un bouquiniste du quartier de Recoleta. Il y avait toute une étagère réservée à des livres écrits ou traduits en français, de gros ouvrages de sciences sociales, une demi-douzaine de titres de la collection « Terre humaine » et quelques récits de voyage dont le *Journal d'un tour en Amérique latine*, d'André Maurois. L'exemplaire, publié en 1948, n'avait jamais été lu par personne, personne ne l'avait ouvert avant moi, ses pages étaient non massicotées : depuis près de soixante-dix ans, elles attendaient un lecteur. Comme je n'avais pas de coupe-papier sous la main, je m'employais à les trancher une à une à l'aide de mon doigt : je glissais l'index de ma main droite entre deux pages et, *tac*, je le remontais d'un mouvement vif, avec la grâce, la délicatesse qui me caractérise (celle d'un garçon boucher), dévoilant peu à peu les deux mois de voyage qu'avait fait Maurois de Rio de Janeiro à Bogotá en passant par Buenos Aires, Lima et Santiago, à l'été 1947. J'espérais y trouver des impressions de rencontres, de paysages, un éclairage historique, politique ou social, je ne sais pas, moi, le pouls d'une ville, la couleur d'un pays, ce qui fait le sel d'un récit de voyage, mais ça n'était que mondanités, réceptions, cérémonies protocolaires, dîners officiels, déjeuners d'ambassade, innombrables tablées avec recteurs, attachés culturels, directeurs d'université qui vous faisaient docteur *honoris causa* dans des salles « aux plafonds peints et dorés ». Mais il y avait tout de même un passage, pas même un passage, une image, qui sauvait le bouquin : « À Santiago, chaque jour, à midi, un coup de canon permet aux habitants de régler leurs montres. On voit alors, d'un seul mouvement tous les passants regarder leur poignet. » L'image était belle, et me plaisait d'autant plus qu'elle renvoyait à une époque révolue : j'ai vérifié, on ne tire plus de coup de canon à midi depuis les hauteurs de Santiago.

Treize heures de bus depuis Santiago m'avaient laissé comme un morceau de viande avariée à Chañaral, trou perdu au bord de la Panaméricaine, avec en tête une idée fixe : me laver. Je poussai la porte d'un hôtel sans enseigne, coincé entre une banque et un opérateur de téléphonie. Elle ouvrait sur un large patio carrelé de diverses couleurs, avec des plantes en pot et des fauteuils en rotin. Est-ce qu'on avait une chambre pour moi ? *Si, Señor.* Est-ce que cette chambre avait une salle de bains ? *Si, Señor.* Est-ce que je pouvais y prendre une douche ? *No, Señor.*

Chañaral n'avait plus d'eau depuis cinq jours. On en ignorait la cause, réservoirs à sec, prétendaient les uns, canalisations bouchées, avançaient les autres, on en devisait sur le pas de sa porte, calmement, pas indifférent mais résigné, comme si le désagrément somme toute était mineur. C'est que, à Chañaral, on en avait vu d'autres. Deux ans plus tôt, dans ce coin de désert où il pleuvait si peu, il s'était mis à pleuvoir : en quelques heures diluviennes, les nuages avaient déversé sur la ville son contingent annuel, des torrents de boue s'étaient répandus dans les rues, déracinant les arbres et les poteaux électriques, retournant les voitures, et c'est depuis les toits des maisons – de ce qui restait des maisons – qu'on avait attendu les secours en maudissant le sort, le ciel et la pluie, *esta lluvia de mierda*, cette foutue pluie qui n'en finissait plus de tomber. Depuis, on se méfiait de l'eau, on la tolérait tout au plus, à choisir, on préférait en manquer momentanément que d'en avoir trop d'un seul coup, alors on attendait qu'elle revienne, et, en attendant, on se lavait à l'eau minérale, on ne cuisinait plus, les toilettes débordaient, et moi, je schlinguais.

Sur le trottoir d'en face, devant l'un de ces magasins où l'on trouve de tout, la ville entière semblait faire la queue pour s'offrir des bidons d'eau de cinq litres. J'en achetai un pour quelques milliers de pesos, dépense excessive au regard de l'usage que j'envisageais d'en faire : je marchai un peu, mon bidon à la main, jusqu'à la place de l'église ; à l'ombre d'un palmier, je posai mon sac, j'ôtai mes vêtements, et me douchai dans la rue à l'eau minérale.

— *¿ Puedo ducharme contigo ?*

J'avais les yeux fermés (du shampoing dans les cheveux) ; je ne vis pas, d'emblée, qui voulait prendre une douche avec moi, mais à la voix je sus que c'était une fille, et à l'accent qu'elle n'était pas d'ici. *Claro*, dis-je, et je la regardai se dévêtir avec entrain, se savonner avec ardeur, à grandes eaux rincer son corps presque nu – elle n'avait gardé sur elle que des sous-vêtements dépareillés et un bracelet bicolore –, puis sortir de son sac une serviette en microfibre, une de ces merdes prisées des routards parce qu'elles se plient en douze et prennent peu de place – j'en avais une aussi, exactement la même, cette saloperie ne séchait rien, nous avions dû l'acheter au même endroit.

— Decathlon ? dis-je. De vraies merdes, hein, ces serviettes ?

Elle acquiesça. Elle s'appelait Audrey. Elle me tendit la main : elle avait de longs doigts très fins.

Quinze ans de piano. Elle en avait joué pendant longtemps ; il y a longtemps qu'elle n'en jouait plus. Ses yeux s'assombrirent : il y avait là-dedans l'amertume des ambitions inassouvies. Elle avait rêvé d'être pianiste, mais elle était dans la finance, dans le *capital investment*, pour être précis. Un fichier Excel à vingt-cinq onglets avait remplacé les partitions. Elle avait étudié la musique au Conservatoire, travaillé le répertoire du lied et de la mélodie, rêvé de se produire à Carnegie Hall et à la Philharmonie de Berlin en même temps qu'elle menait des études de commerce. Vint le moment où il fallut choisir, où elle fut sommée de choisir, et ce choix, dans l'esprit de son père, un petit commerçant qui s'était saigné aux quatre veines pour lui payer des études, se réduisait à ceci : est-ce qu'elle voulait embrasser une carrière musicale incertaine et précaire, ou faire un *vrai* métier, avoir un *vrai* salaire, une fiche de paye annuelle à six chiffres assortie de bonus et de primes ? Ce que, à sa façon, il avait résumé ainsi : le piano, ou le pognon ?

Pendant des jours, comme dans ces exercices de prononciation où l'on accole deux phonèmes si proches que la langue en les répétant finit inévitablement par fourcher, elle s'était répété mentalement : pognon, piano, pognon, piano, pognon, piagnon... C'est sur piano qu'avait fourché l'esprit ; elle choisit le pognon. Elle pourrait toujours consacrer ses soirs et ses week-ends au piano. Mais, dans la banque d'affaires qui l'avait embauchée, il n'y avait pas de soirs – en tout cas pas *en dehors* de la banque. Elle ne rentrait jamais avant la nuit tombée, et le week-end, oh, le week-end elle n'avait qu'une envie : dormir. Ce qui en soi n'est pas si grave – ce qui est grave, c'est de ne plus vouloir se réveiller. Elle n'avait qu'un épais brouillard dans la tête, où trottaient tout un tas d'anglicismes : *capital innovation, leverage buy out, private equity*... Bientôt, il y en eut un nouveau : *burn-out*. Elle avait pris un congé sans solde de trois mois, puis un aller-retour Paris-Lima, puis traîné ses guêtres au Pérou, en Bolivie, au Chili, jusqu'à Chañaral où elle avait échoué parce qu'il y avait non loin de là un parc national, où l'on pouvait voir des pingouins.

On ne s'est jamais revus, elle et moi, mais parfois je pense à elle, et je me demande où elle est, ce qu'elle fait maintenant. Elle sera rentrée en Europe, à Paris ou à Londres, retrouver ce qu'elle avait fui ; elle aura attaché ses cheveux, refait son CV, ajouté « voyage » dans la section « hobbies », et pendant que j'écris ces lignes elle est assise tout le jour dans la lumière crue d'un bureau tout en haut d'une tour, tout le jour devant des écrans, à pianoter sur les touches d'un clavier : les doigts de fée se souviennent des sonates de Beethoven et de Schubert dont l'esprit peu à peu s'est défait, encombré qu'il est de graphiques et de courbes ; elle attend le week-end ; elle hait les lundis.

À la sortie de Chañaral, deux frères chiliens qui remontaient vers Antofagasta m'avaient pris en stop. Nous roulions depuis trois heures fenêtres ouvertes, et nous avions fait un peu plus des deux tiers du chemin quand la voiture a lâché. Une épaisse fumée blanche s'échappait du moteur : un *habemus papam* au milieu du désert. On souleva le capot. J'étais bien incapable de distinguer l'allumeur de la durite, la durite de la bougie, la bougie de la jauge d'huile. Bielle, culasse, piston, soupape, vilebrequin étaient pour moi des mots mystérieux, dépourvus du moindre sens. À l'école, on m'avait appris quantité de choses qui devaient m'être parfaitement inutiles, dessiner une rosace avec un compas, jouer *Au clair de la lune* à la flûte, disséquer une souris, jamais à réparer un moteur.

Dans le désert d'Atacama, le soleil est l'inséparable amant du ciel, comme en baie de Somme où j'ai passé mon enfance la brume l'est de l'eau. Là où nous étions, la pluie n'était pas tombée depuis plus d'un demi-siècle. Les deux frères, torse nu, s'activaient sous le capot, chauffé à blanc par le soleil. Une heure passa. Impossible de faire redémarrer le moteur. Impossible aussi d'appeler une dépanneuse: chacun de nous avait un téléphone – les leurs n'avaient plus de batterie, le mien, pas de réseau. Mais il y avait plus inquiétant: chacun de nous avait une gourde – les leurs étaient vides, la mienne aussi. Par cette chaleur, nous n'allions pas tenir très longtemps. Notre salut viendrait de la route, ou ne viendrait pas.

Pas une voiture en vue. Rien que la route, et de part et d'autre de la route infinie le désert, sa terre ocre, craquelée par la chaleur, çà et là quelques touffes d'herbe jaune et... un renard. On associe le renard à la malice, la flatterie ou la ruse; je l'associe à la mort. C'est un renard qui, pour la première fois, me fit prendre conscience du caractère universel de la mort. J'avais sept ou huit ans, et j'étais tombé, à la bibliothèque de l'école, sur le vieil exemplaire d'une revue consacrée à la nature, avec en couverture un fennec. Ce renard de poche, avais-je appris, vivait dans la péninsule du Sinaï et le désert du Sahara. Il se nourrissait de petits oiseaux, de lézards, ou d'insectes, ou de fruits, bref, de ce qu'il avait sous la patte (c'était la première fois que je lisais le mot *omnivore*). Pour se protéger de la chaleur, il creusait un terrier dans le sable. À l'état sauvage, il pouvait vivre dix ans. Dix ans ? L'exemplaire de la revue en avait douze. Le fennec en couverture, avec ses grands yeux noirs, ses longues oreilles et ses moustaches, le mignon petit fennec que j'avais sous les yeux était mort. Mort. J'en étais stupéfait. J'avais déjà eu vent de la mort, soustraction au monde qui n'était dans le mien qu'une lointaine abstraction, quelque chose d'incertain, d'imprécis, quelque chose de vaguement inquiétant qui pouvait tirer des larmes aux adultes. Je regardais la photo du renard, et ce renard était mort. Il avait été, il n'était plus ; et m'avisant de la mort du renard je m'avisai qu'un jour, à mon tour, il me faudrait mourir. Restait à savoir quand, et comment.

De soif, au milieu du désert d'Atacama ? Je commençais à avoir la gorge sèche, à me demander comment s'y prenait le renard pour creuser un terrier, et s'il n'avait pas déguerpi je lui aurais posé la question. Il nous fallut attendre encore une heure avant de voir s'arrêter une voiture. Son conducteur avait deux litres d'eau, qu'il commença par nous offrir. Notre sauveur n'avait pas de corde, il ne pouvait pas nous tracter, mais nous pouvions laisser la voiture sur le bas-côté, monter à bord et rouler une trentaine de kilomètres jusqu'au Cerro Paranal, où l'on attendrait la dépanneuse. Il était astronome, et le Cerro Paranal une montagne arasée où se trouvait un observatoire astronomique.

Le désert d'Atacama est peut-être la meilleure fenêtre sur la Voie lactée : air sec, nuages absents, pollution lumineuse inexistante – l'endroit rêvé pour observer le ciel. On avait installé là, au Cerro Paranal, un ensemble de quatre télescopes, chacun composé d'un miroir de huit mètres vingt de diamètre, qui formaient le *Very Large Telescope.* La voiture serpentait sur la route qui menait à l'observatoire astronomique. Bientôt la nuit tomberait, dans le ciel encore bleu se découperait la lune, si parfaite et si ronde qu'on pourrait la croire tracée au compas. On ouvrirait les très grands télescopes aux très grands miroirs braqués vers le ciel, les astronomes prendraient place à leur poste, dehors il n'y aurait plus que l'épaisseur du silence et la voûte étoilée, la Croix du Sud et le Toucan, le Centaure et l'Oiseau de Paradis, les constellations aux noms mythologiques auxquels je songeais en même temps qu'à ce passage des *Mémoires d'Hadrien* qui m'émeut davantage à chaque relecture, celui où l'empereur vieillissant se trouve à bord du vaisseau qui le ramène en Italie : il va mourir, il le sait (« seules deux affaires importantes m'attendaient à Rome ; l'une était le choix de mon successeur, qui intéressait tout l'empire ; l'autre était ma mort, et ne concernait que moi »), et il raconte tout cela, le navire, sa traversée de l'archipel, les bonds des dauphins dans l'eau bleue, le long vol régulier des oiseaux migrateurs, l'odeur de sel et de soleil sur sa peau qu'il goûte pour la dernière fois de sa vie, puis il dit – Marguerite Yourcenar lui fait dire : « Une haleine humide s'exhalait de la mer ; *les étoiles montaient une à une à leur place assignée.* » Voilà à quoi je songeais, dans la voiture qui nous menait vers l'observatoire, les yeux levés vers le ciel que la nuit tout à l'heure ensemencerait d'étoiles, je songeais à cette phrase des *Mémoires d'Hadrien*, aux étoiles, les *mêmes* qu'au temps de l'empereur, ces chères vieilles étoiles encore invisibles, et qui monteraient bientôt une à une à leur place assignée.

Chuquicamata

À Baquedano, sur la route de Chuquicamata, les deux G se lient d'amitié avec un couple d'ouvriers chiliens. Des communistes, nous apprend Ernesto. Le mari, précise Alberto, a été arrêté et envoyé en prison pendant trois mois, et à présent il se bat pour obtenir un travail dans l'une des mines de la région. Ils boivent un coup, mangent un bout, les langues se délient, l'homme leur raconte sa détention, ses compagnons disparus, peut-être jetés à la mer, les enfants qu'il a dû laisser chez un voisin, etc. Le récit qu'il fait de leurs déboires touche les deux voyageurs, mais ce qui les touche plus encore est leur extrême dénuement : on est au milieu du désert, les nuits sont glaçantes, les journées suffocantes, et ils n'ont rien, pas même une couverture sous laquelle s'abriter. Les deux G se dévouent, leur donnent l'une des leurs et s'enveloppent comme ils peuvent dans celle qui leur reste. C'est l'une des fois où j'ai le plus souffert du froid, écrit Ernesto, mais aussi où je me suis senti davantage fraterniser avec cette espèce humaine, si étrange pour moi.

Le lendemain les voilà à Chuquicamata. Chuqui. La plus grande mine de cuivre à ciel ouvert du monde. Un immense amphithéâtre ovoïde avec une structure en gradins, une sorte de Colisée creusé en profondeur mais en dix fois, en cent fois plus imposant. Quand j'y suis allé, la mine faisait huit cent cinquante mètres de profondeur, des camions à quatre millions de dollars avec des pneus à quarante mille dollars pièce à changer tous les huit mois mettaient deux heures à descendre tout au fond, arrachaient le minerai à la pelleteuse puis remontaient, et c'était comme ça vingt-quatre heures sur vingt-quatre, ça ne s'arrêtait jamais – si : une fois toutes les sept heures et pour quelques minutes, quand on faisait péter le minerai à coups d'explosif.

La mine faisait vivre jusqu'à douze mille personnes qui habitaient pour la plupart à Calama, la ville la plus proche. Les conditions de travail ne semblaient pas si mauvaises, les conducteurs de camion se félicitaient d'être payés deux ou trois fois plus que le salaire moyen, bref, c'est peu dire que les choses s'étaient améliorées depuis la visite des deux G. Dans les années cinquante, Chuqui était aux mains des Ricains, aux mains de l'Anaconda Copper dont les profits chaque année se comptaient en dizaines de millions de dollars. Allende n'était pas encore au pouvoir, il n'avait pas encore achevé de nationaliser la mine et les mineurs mouraient par dizaines. La mine, s'insurge Alberto dans son Journal, ne vise qu'à remplir les coffres du capitalisme yankee, alors que son véritable propriétaire, le peuple araucanien, vit dans la plus abjecte misère. Un guide leur fait la visite. Il leur explique que les mineurs menacent les propriétaires d'une grève, mais ces imbéciles de gringos, dit-il, préfèrent perdre des milliers de pesos chaque jour plutôt que d'accorder quelques centimes en plus à leurs ouvriers. Par contre, ces imbéciles de gringos savent comment s'y prendre avec les syndicats : à chaque réunion importante, ils invitent une grande partie des mineurs au bordel. Jamais le quorum nécessaire pour valider la réunion n'est atteint. Tout cela dégoûte foncièrement nos deux amis, qui pour la première fois de leur voyage semblent prendre conscience, *réellement* conscience, que quelque chose ne tourne pas rond. Quinze ans plus tard, en Bolivie, pour avoir voulu redresser les torts de ce monde, Ernesto Guevara sera remercié d'une rafale de mitraillette tirée à bout portant.

BOLIVIE

Si j'avais voulu m'en tenir *strictement* à l'itinéraire des deux G, j'aurais dû poursuivre ma route vers le nord du Chili, passer par Iquique d'abord, par Arica ensuite. À Iquique, les deux G n'ont rien fait de notable en dehors, nous apprend Alberto, d'un concours de pets « particulièrement original, bruyant et nauséabond », merci Alberto. À Arica, ils ont pris un bain dans l'océan Pacifique, « avec du savon et tout et tout », précise Ernesto, merci Ernesto. Et puis ils ont franchi la frontière péruvienne avant de remonter d'un seul trait jusqu'à Cuzco. Mais plus je regardais la carte de l'Amérique latine que je trimballais avec moi, plus m'attirait la Bolivie. Beaucoup de voyageurs que j'avais croisés ici ou là m'en avaient parlé comme du plus beau pays du monde, et puis c'était là, en Bolivie, dans un tout petit village au milieu de nulle part, le lundi 9 octobre 1967 un peu après 13 heures, qu'était mort Ernesto Guevara.

On a tant écrit sur le Che : quiconque s'aventure aujourd'hui à écrire sur lui n'écrit jamais que dans les blancs entre les lignes des autres. Et néanmoins on refait inlassablement le roman de sa vie, inlassablement le chapitre de sa mort. Cela se passe donc en Bolivie, qui de l'avis des Sud-Américains est le trou du cul de l'Amérique du Sud, et pire qu'en Bolivie, dans le Ñancahuazú, qui de l'avis des Boliviens est le trou du cul de la Bolivie. Le Che avait une idée fixe : embraser le monde de *focos*, des foyers de guérilla rurale dont les rangs grossiraient d'escarmouche en escarmouche, de bataille en bataille, pour former une armée de libération qui comme à Cuba finirait par renverser le pouvoir. Mais pourquoi avoir choisi la Bolivie comme *foco* initial ? Pourquoi ce pays enclavé, le seul, avec le Paraguay, qui n'a pas d'accès à la mer ? Parce que c'est une dictature militaire, parce que la minorité blanche y oppresse la majorité indienne, parce que le Parti communiste local est susceptible d'apporter son soutien, parce que la Bolivie partage des frontières avec le Paraguay, le Brésil, le Pérou, l'Argentine et le Chili, parce qu'elle peut constituer une base arrière pour combattre l'impérialisme qui ne cesse de gagner du terrain, parce que si tout se passe comme prévu, on fera bientôt de la cordillère des Andes une immense Sierra Maestra. Mais de même qu'au Congo, et même pire qu'au Congo, rien ne se passe comme prévu. Et moins d'un an après son arrivée dans le Ñancahuazú, voilà le Che entre les mains de l'armée bolivienne.

Le voilà donc à La Higuera, entre les quatre murs en pisé de l'école du village où les militaires se demandent ce qu'on va bien pouvoir faire de lui. Le garder prisonnier ? L'exécuter sur-le-champ ? Vers dix heures du soir un major dont l'Histoire n'a pas retenu le nom envoie un télégramme à La Paz : il demande « instructions concrètes». Le message est reçu par le lieutenant-colonel en charge des renseignements militaires qui le remet au chef de l'état-major de l'armée qui en réfère à son commandant en chef qui s'en va trouver le ministre de la Guerre qui réveille le président Barrientos. Qu'on l'exécute, tranche Barrientos, et l'ordre aussitôt redescend la chaîne de commandement: il est transmis par le ministre de la Guerre au commandant en chef qui le relaye au chef de l'état-major qui somme le lieutenant-colonel en charge des renseignements militaires de l'envoyer par message codé au major resté à La Higuera, et le major ayant décodé le message réunit séance tenante les sous-officiers qui sont là, les couillons de service, et il leur dit que le président lui-même a donné l'ordre d'exécuter le prisonnier – est-ce qu'il y a parmi vous un volontaire qui voudrait s'acquitter de la tâche? Un type à moitié ivre lève le doigt. Il n'a pas la trentaine, il porte une petite moustache, il a les oreilles un peu décollées. Il s'appelle Mario Terán, et celui-là l'Histoire a retenu son nom pour l'avoir tenu dans sa lorgnette l'espace de quelques instants, l'espace d'une rafale de M2 dans le corps d'Ernesto Guevara de la Serna, dit le Che. Et à ce moment-là, au moment où il a le doigt levé devant son supérieur comme un gentil petit garçon devant sa maîtresse à l'école, il est à mille lieues d'imaginer, Mario Terán, que ce doigt qui bientôt appuiera sur la détente lui vaudra d'être vilipendé, honni, méprisé par tant de gens dans tant de pays qu'il devra vivre caché sous une autre identité pour le restant de ses jours.

Mais peut-être aussi qu'il pressent tout cela. Et alors on ne lui en voudra pas si sa main tremble un peu. Car elle tremble, la main de Mario Terán, comme on peut penser qu'a tremblé la main de Sanson le 21 janvier 1793. Pour se donner du courage, il s'enfile une rasade d'eau-de-vie, mais sa *puta de mano* tremble encore. Il pense sûrement à sa famille et à Dieu, au prisonnier assis par terre pieds et poings liés, et qui pour les guérilleros dans ce coin perdu de la Bolivie est comme Dieu. Et puis il pense aux instructions qu'on lui a données : ne pas lui adresser la parole, tirer deux rafales, épargner son visage – il faut qu'on puisse le croire mort au combat. Le Che, qui s'avise de l'embarras du bourreau, se lève et lui dit de ne pas avoir peur, et de viser juste. Et puis il ajoute : « Tu ne vas tuer qu'un homme. » Mario Terán prend son courage et son fusil-mitrailleur à deux mains, recule d'un pas vers le seuil de la porte, se met en position de tir et ferme les yeux – comme le Che, qui dans l'imminence de la mort rembobine en esprit la pellicule de sa vie. Et dans cette demi-seconde où tout défile devant lui dans un flash-back accéléré, j'aimerais qu'il se revoie sur la *Poderosa*, j'aimerais qu'il revoie son écharpe flotter dans le vent de la Pampa quand il n'était qu'un vagabond dominé par une seule obsession : le voyage.

Mais peut-être que Mario Terán a tiré quelques dixièmes de seconde trop tôt, et alors la pellicule, le Che n'a pas eu le temps de la rembobiner jusque-là. Peut-être alors s'est-elle arrêtée quelque part entre 54 et 56. Oui, il se peut qu'elle se soit arrêtée au Mexique, où il a filé par le train avec un visa de tourisme. Il a vingt-six ans, il vient de fuir le Guatemala où une petite armée de mercenaires a chassé le socialiste Árbenz du pouvoir, encore un coup des Yankees. Au Guatemala, il a vécu de petits boulots, il a déchargé des barils de goudron sur les docks, il a traduit de l'anglais un livre sur le marxisme – il ne connaît pas bien l'anglais mais le marxisme, il commence à connaître. Arrivé à Mexico les poches vides, il devient photographe ambulant. Aujourd'hui encore il y a peut-être là-bas quelque vieillard qui pour un peso s'est fait tirer le portrait par le jeune Ernesto Guevara. On ne sait pas qui s'est tenu dans son viseur. On aimerait par exemple que Frida Kahlo y fût apparue comme elle est apparue dans celui de son père Guillermo, dans celui de Tina Modotti son amie ou de Nickolas Muray son amant. Songer à ces rencontres qui n'ont pas pu se faire, dont les hasards n'ont pas voulu nous laisse rêveur. On voudrait que celle-là se fît, on voudrait qu'avec son châle immense, ses innombrables bijoux, ses ailes de merle sous ses cheveux piqués de fleurs, la peintre mexicaine se fût tenue le temps d'une photo devant le jeune homme impécunieux qu'il était, mais cela n'a pas eu lieu : quand le jeune Ernesto Guevara arrive à Mexico le 18 septembre 1954, de Frida Kahlo ne restent plus que des cendres.

À Mexico, Ernesto se lie d'amitié avec un certain Raúl, vingt-trois ans. Ils se voient chez l'un ou chez l'autre, ils parlent de tout et de rien, Ernesto de ses lectures, de ses voyages, du Guatemala qu'il a laissé derrière lui, Raúl de Cuba dont il a dû s'exiler, la faute à ce chien de Batista, bouffon des Yankees et bourreau des Cubains qui ne perd rien pour attendre. Tu verras, lui dit Raúl, qu'un jour on va renverser son régime, mon frère et moi – il parle beaucoup de son frère, son aîné de cinq ans qui le toise de quinze centimètres. Un chic type, il est en route pour le Mexique, il faut *vraiment* que tu le voies, conclut Raúl, vous allez bien vous entendre.

De cette rencontre on ne sait pas grand-chose, si ce n'est qu'elle eut lieu un soir de juillet 1955, chez une émigrée cubaine qui vivait rue Emparán. La conversation dura dix heures d'affilée, jusqu'au petit matin où Ernesto écrit dans son journal avoir fait la connaissance de Fidel Castro, « un garçon jeune, intelligent, très sûr de lui et d'une audace extraordinaire ». Un an plus tard, le 6 juillet 1956, six mois avant de débarquer sur la plage de Las Coloradas en compagnie de Raúl et Fidel et de quatre-vingts guérilleros sur un bateau d'à peine dix-huit mètres qu'ils baptiseront le *Granma*, Ernesto écrit une lettre à ses parents. Et dans cette lettre il leur dit qu'un jeune leader l'a invité à rejoindre son mouvement destiné à libérer son pays par les armes, qu'à moyen terme son avenir est lié à la révolution cubaine, qu'il triomphera avec elle ou qu'il mourra là-bas, et il conclut en citant ces vers de Nâzim Hikmet, un poète turc qui fut l'ami de Pablo Neruda :

> Et je n'emporterai dans ma tombe
> Que le chagrin d'un chant inachevé

Sud Lípez et Salar d'Uyuni

Le chagrin d'un chant inachevé, c'est aussi celui qui vous étreint quand vous devez vous arracher à la contemplation d'un paysage dont vous savez que vous n'allez plus le revoir. Dans le Sud Lípez, on se surprend plusieurs fois à marcher à reculons, pour retarder, ne serait-ce que de quelques instants, celui où il faudra tourner le dos et à jamais dérober à ses yeux le tableau prodigieux que l'on a face à soi. Comment décrire la beauté du Sud Lípez? Le mieux est encore la photo.

Mais pour prendre des photos je n'avais qu'un iPhone, lequel n'avait plus de batterie. Tant mieux: pour une fois, je n'étais pas tenté de dresser entre la splendeur du monde et moi-même le rempart d'un écran. Si je les regardais aujourd'hui qu'y verrais-je, sur ces photos que je n'ai pas prises? Un lac aux eaux turquoise, des volcans aux cimes enneigées, des collines aux crêtes façonnées par le vent, des pierres rondes et des geysers, des flamants roses et des lamas, un rocher en forme de dromadaire, des cactus démesurés et, plus tard, dans le Salar d'Uyuni, un désert de sel où quand il a plu le sol est pour le ciel un miroir: pendant des heures, vous avez l'illusion de rouler *sur* les nuages.

Dans la voiture, le chauffeur avait mis en boucle Chavela Vargas, la chanteuse mexicaine. En sorte qu'aujourd'hui, n'importe où, n'importe quand, hier encore dans le métro parisien, entre Barbès et Anvers, si je ferme les yeux et que j'écoute Chavela Vargas, je revois le Salar d'Uyuni. Je le revois *distinctement*, comme si j'y étais, et j'en suis d'autant plus heureux que je ne suis pas sûr d'y retourner un jour. Je me souviens d'un écrivain-voyageur qui disait avoir organisé sa vie « autour d'une ambition saugrenue, le quadrillage méthodique de la planète ». Son credo: toujours voir un pays de plus. Moi, j'ai fait mienne la phrase de Shakespeare: « Il est plus de merveilles en ce monde que n'en peuvent contenir tous nos rêves. » Le monde est vaste et le temps m'est compté. Tout voir est impossible, j'en ai pris mon parti. Alors revoir... Jamais plus je ne foulerai le désert Salvador Dalí. Jamais plus je ne sentirai les rafales de vent qui balayent la Laguna Verde me caresser violemment le visage. Jamais plus mes yeux n'iront se perdre dans la contemplation du Salar.

À Uyuni, après trois jours de 4×4, je rencontrai deux Hollandaises arrivées la veille de La Paz. Elles s'apprêtaient à traverser le Salar puis le Sud Lípez, jusqu'à San Pedro de Atacama. Elles allaient passer là où j'étais passé, en sens inverse. Je leur enviai les merveilles qu'elles n'avaient pas encore vues.

Dans le Sud Lípez, en Bolivie.

Uyuni

Un désert. Dans le désert, une ville. À l'entrée de la ville, un cimetière. Un peu particulier, le cimetière : un dépotoir de locomotives à vapeur, qui achèvent de rouiller là, à la queue leu leu au milieu de nulle part, comme une procession de baleines échouées sur le rivage. Un cimetière de trains. Devant ce cimetière un jeune homme, et devant ce jeune homme un appareil photo, posé sur trépied. Le jeune homme était suédois, l'appareil photo japonais : un Fujifilm X-T1, dans le viseur duquel se coucherait bientôt le soleil. Le soleil, c'était la grande affaire du jeune homme : il venait d'un pays qui l'hiver en est chichement pourvu.

— Suédois ? dis-je en montrant sa casquette aux *Tre Kronor*, les Trois Couronnes suédoises sur fond bleu.

Il sourit, en faisant oui de la tête.

— Où ça en Suède ? Stockholm ?

— Non, dit-il, une ville beaucoup plus petite et beaucoup moins peuplée.

— Göteborg ?

— Plus petite encore.

— Malmö ?

— Si petite que tu ne connaîtrais pas.

— Jönköping ? Gävle ? Södertälje ?

Il me regarda avec curiosité. Je continuai :

— Linköping ? Luleå ? Leksand ?

— Attends, fit-il, tu connais Leksand ? Même les Suédois ne connaissent pas Leksand !

— Alors c'est ça, c'est Leksand ?

— Örnsköldsvik, dit-il avec un sourire triomphal, persuadé que je n'avais jamais entendu parler de ce bled au nom imprononçable.

— Ah, dis-je, entre Umeå et Sundsvall !

Il écarquilla les yeux.

Je m'intéressais au hockey sur glace, or la Suède est une grande nation de hockey où jouaient quelques-uns de mes amis : je suivais le championnat assidûment, j'en connaissais le classement, et je savais que ça n'allait pas fort pour MODO, l'équipe d'Örnsköldsvik, qui venait d'être reléguée de l'élite du hockey suédois à l'Allsvenskan, la deuxième division, indigne du rang d'un club, expliquai-je au jeune homme, qui avait formé certains des plus grands joueurs de l'histoire, parmi lesquels Peter Forsberg.

— Ah, Forsberg ! s'écria le jeune homme. Tu te souviens de son tir au but en finale des Jeux olympiques ?

— Suède-Canada, Lillehammer, 1994, dis-je.

J'ai sept ans, Forsberg en a vingt. Je porte une salopette rouge et blanc, lui le maillot jaune et bleu de la Suède. Je suis devant la télévision, lui dedans : il patine vers le rond central, s'empare du palet, accélère. Arrivé à quelques mètres de la cage, il est à pleine vitesse. Est-ce qu'il va tirer ? Est-ce qu'il va dribbler ? Il se déporte sur le côté, et fait un geste qu'à ce niveau de compétition on n'a encore jamais vu : en tenant sa crosse d'une seule main, il glisse, du revers, le palet à la gauche du gardien canadien. Une feinte audacieuse, risquée, magistrale, sur laquelle il appose à jamais sa signature : aujourd'hui encore, les hockeyeurs du monde entier l'appellent « la forsberg », comme les footballeurs appellent panenka cette façon qu'avait le Tchèque Antonín Panenka de tirer en donnant, du bout du pied, une pichenette qui place le ballon au centre du but, sous la barre transversale.

— Une paire de couilles *zidanesque*, me dit le Suédois. Tenter ça, à vingt ans, en finale des JO, ça demande les mêmes *cojones* que Zidane qui tente une panenka contre l'Italie en finale de la Coupe du monde.

La glace était brisée ; on se serra la main ; il s'appelait Einar. Il avait un peu plus de vingt ans, trouvait la vie trop courte et trop longs les hivers dans sa patrie d'origine : à Örnsköldsvik, les nuits étaient interminables, le soleil se couchait à quatorze heures, Einar ne supportait plus d'être à ce point privé de lumière. Alors il avait rassemblé ses économies, fait son sac de voyage, pris un train pour Stockholm, un avion pour Francfort, un autre pour Miami, un troisième pour Bogotá où il avait fini par arriver après trente heures de voyage avec un bilan carbone désastreux et quatre mois devant lui, qu'il comptait mettre à profit pour traverser l'Amérique, son appareil photo en bandoulière. Il allait de ville en ville avec un objectif en tête : saisir les plus beaux couchers de soleil. Et, comme il était joueur, il s'était imposé une contrainte : il s'interdisait de franchir une frontière s'il n'avait pas, au préalable, passé une nuit avec une autochtone. Il avait les yeux en amande, bleus comme les eaux de la Baltique, les bras tatoués de runes scandinaves et une barbe de Viking ; il était grand ; il était blond ; il était beau : il plaisait. Mais il fallait de surcroît qu'on lui plût. En Bolivie, La Paz, Oruro, Sucre s'étaient trouvés sur sa route, mais pas la moindre fille qui fût à son goût : la plupart avaient le nez épaté, les dents gâtées, et, ce qu'il réprouvait par-dessus tout, un apport calorique supérieur à leur dépense énergétique. Les seules qui fussent à peu près jolies, croyait-il savoir, se trouvaient à Santa Cruz. Mais la ville présentait si peu d'intérêt qu'il n'avait pas jugé bon d'y aller. Il avait échoué à Uyuni, et maintenant qu'il voulait se rendre au Chili, il se demandait s'il pourrait jamais passer la frontière : les femmes de l'Altiplano, jugeait-il d'un ton qui n'appelait aucune objection, étaient laides. Pourquoi ? Il avait sa théorie là-dessus.

C'est que les femmes de l'Altiplano, me dit-il, avaient les Incas pour ancêtres, or les Incas révéraient le Soleil, divinité suprême dont ils recherchaient les faveurs : les gouverneurs disposaient d'un pouvoir discrétionnaire pour sélectionner les plus jolies des fillettes, qu'ils enlevaient à leurs parents dès huit ou neuf ans. Elles grandissaient à l'abri des regards, dans des sanctuaires gardés jour et nuit, et vers l'âge de seize ans, les plus belles étaient offertes en sacrifice au Soleil : on leur faisait boire de la *chicha* pour émousser leurs sens, mâcher des feuilles de coca qui les plongeaient dans une stupeur béate, après quoi on les enterrait vivantes – *vivantes* ! répéta le Suédois en appuyant sur le mot. Les spécialistes des Incas prétendaient qu'il n'y avait pas d'honneur plus grand pour des parents que de voir leur fille *offerte* au Soleil. Foutaises ! s'emporta Einar. Selon lui, puisqu'on sacrifiait les jolies filles, la plupart des parents soustrayaient les leurs à une mort aussi atroce que précoce, et ce dès le plus jeune âge, en les enlaidissant *à dessein.* Cinq siècles avaient passé, et avec eux l'empire inca, mais pas l'usage, et les Boliviennes étaient de loin les moins jolies du continent.

Je restai silencieux. Un peu plus loin, un groupe de femmes assises, indifférentes aux conjectures du Suédois, étaient occupées à filer de la laine. Avec leurs jupes colorées enfilées les unes sur les autres, avec leurs châles immenses et ces chapeaux melon qui ombrageaient des visages ronds, sans fard, je les trouvais dix fois, cent fois plus belles que les péronnelles occidentales au maquillage outrancier. Einar était dur avec elles. J'ignore ce qu'il est devenu, mais il me plaît de l'imaginer à Uyuni ; il sera resté là-bas, il aura pris racine dans les terres arides de l'Altiplano bolivien, où il mène une vie chaste, dédiée à la contemplation toujours renouvelée du soleil, qui soir après soir revient mourir derrière des carcasses de trains rongés par la rouille.

Potosí

À 4070 mètres d'altitude : Potosí, cent soixante-cinq mille habitants au dernier recensement. Eux sont habitués à vivre près du ciel ; moi, non. Moi, j'ai l'impression qu'un pied m'écrase la poitrine. Dans les Andes, on appelle ça le *soroche* : le mal des montagnes. À Potosí, la quantité d'oxygène disponible est de moitié inférieure à celle qu'on trouve au niveau de la mer. On avance péniblement dans les rues, on a la tête et les jambes un peu lourdes, le souffle un peu court, on s'étonne de *songer* à respirer : l'air est rare, il faut en faire provision.

Ici les hommes ont les traits épatés, les pommettes saillantes, les cheveux noirs, le visage glabre et la peau mate. On les voit peu dans les rues – on voit surtout leurs veuves. Les hommes ? S'ils ne sont pas morts, c'est qu'ils sont en train de mourir dans la mine, dans les entrailles du Cerro Rico (« le mont riche »), une montagne pelée qui culmine à 4782 mètres. Potosí a été riche. Si riche qu'à la fin du XVIe siècle elle comptait plus d'habitants que Paris, Londres ou Séville. Si riche qu'en espagnol on dit encore : *vale un Potosí*, comme on dirait en français : « c'est le Pérou ». Si riche, nous apprend Galeano dans *Les Veines ouvertes de l'Amérique latine*, qu'à l'époque de l'apogée de la ville, même les fers des chevaux étaient en argent. Aujourd'hui ? Potosí est l'une des villes les plus pauvres d'un pays parmi les plus pauvres d'un continent qui n'est pas riche. La mine est presque épuisée, il n'y a plus d'argent mais il reste encore de l'étain et du zinc, et tant qu'il en restera il y aura des hommes pour creuser.

José Luis a vingt-six ans. Dix ans de mine lui en ont gravé vingt sur le visage. Il y passe douze heures par jour six jours sur sept, dans des conditions à faire passer les mineurs de *Germinal* pour des touristes en goguette. Aujourd'hui, il m'a invité à lui tenir compagnie. Une paire de bottes en caoutchouc, un pantalon garance qui bouffe comme ceux des poilus en 14, un blouson mauve et gris XXL, dont les manches interminables laissent croire que j'ai des moignons. Le ridicule ne tue pas ; les éboulements, si : José Luis me coiffe d'un casque de chantier en polyéthylène aubergine, surmonté d'une lampe frontale. Je n'ai plus qu'à me couvrir la bouche d'un foulard.

Depuis qu'en 1545 les Espagnols y ont découvert un filon d'argent, on a tant exploité la montagne qu'elle s'est affaissée de cent mètres. C'est un gruyère de six cents galeries creusées dans la roche, et il faut s'y engouffrer, il faut aller passer quelques heures là-dedans pour se faire une idée assez juste de ce que doit être l'enfer. Pas de faute de frappe dans la phrase qui va suivre : huit millions, c'est le nombre d'hommes, pour la plupart des Indiens arrachés à leurs villages, qu'a engloutis la montagne. Le bois est coûteux, alors on se passe autant que possible des piliers de soutènement. De temps en temps, une galerie s'effondre, bilan : vingt veuves de plus à Potosí. Et quand ça n'est pas la terre qui vous tombe sur la tête, l'air que vous respirez chaque jour vous achève : il est chargé d'arsenic et de silice, des centaines, des milliers de particules passent par vos bronches, descendent dans vos poumons. Quelques années à ce régime, et vous commencez à cracher du sang. Quelques années de plus, et le diagnostic tombe comme le couperet d'une guillotine : silicose. Vous avez quarante ans à peine et vous savez qu'il n'y a pas de traitement.

Ce qui frappe, d'emblée, quand on arrive dans la mine, c'est le noir. Le noir, et la poussière qui tournoie dans le faisceau des lampes électriques. Et puis il y a la chaleur : quarante, cinquante degrés par endroits. Et le bruit : celui de wagonnets d'une tonne que les mineurs deux par deux s'épuisent à pousser sur les rails. Vite, se rabattre contre la paroi, sans quoi l'on finit écrasé. Parfois, un bruit plus sourd, plus lointain vient d'une galerie adjacente : celui d'un bâton de dynamite, pas le moyen le plus sûr mais certainement le plus efficace qu'on a trouvé pour découvrir d'autres gisements.

À la suite de José Luis, je me fraye un chemin dans la galerie. Dans un coin, une petite niche où se dresse une statue d'argile avec des cornes et un sexe en érection. *El Tío*, à qui mon guide fait l'offrande d'une cigarette. En dehors de la mine, les hommes croient en Dieu. Mais dans la mine, le diable est souverain. Un peu plus loin, José Luis ramasse une petite pierre argentée, avec des reflets dorés, qui tient entre deux doigts. Prends-la, dit-il, garde-la toujours auprès de toi, et souviens-toi de nous. J'écris ces lignes depuis chez moi, dans mon appartement de Montmartre, entre le Sacré-Cœur et la place des Abbesses, confortablement assis dans un fauteuil ergonomique, avec dossier réglable en pas moins de douze positions, appui-tête et support lombaire ajustable, un mug de thé brûlant à portée de main, et les jours où je me lamente de ne pas arriver à écrire, où tout ce qui vient sous ma plume me semble à jeter, je n'ai qu'à considérer quelques instants la pierre qui est là, sur mon bureau, pour me rappeler que oui, mon vieux, écrire est parfois difficile, mais enfin, n'en rajoute pas, c'est pas la mine.

Une échelle branlante mène à un boyau minuscule, où il faut ramper sur dix mètres avant de pouvoir s'accroupir. Un mineur est là, qui travaille la roche au burin. Il s'appelle Don Pauly, il a trente-neuf ans, et comme à José Luis on lui en donnerait dix de plus. Sa joue est gonflée par des feuilles de coca, coupe-faim qui permet aux mineurs de tenir douze heures d'affilée sans manger. D'un sac de toile il sort un flacon en plastique. De l'alcool à quatre-vingt-seize degrés, *sin fecha de caducidad*. Lui en a une, de date de péremption : il y a quelques mois, un jeune type en blouse blanche a pris un air désolé en prononçant le mot *silicose*. Don Pauly verse un peu de liquide par terre pour honorer Pachamama, la Terre-Mère, en boit une gorgée, nous en offre une, échange quelques mots avec nous. Un an, lui a fait savoir le docteur. Peut-être deux mais pas plus. Alors, entre deux scanners et deux quintes de toux, il s'échine à creuser encore et encore, histoire d'assurer l'avenir de son gamin de douze ans : s'il trouve un filon, le gamin pourra l'exploiter à son tour. Disant cela il nous serre la main, ligne de vie contre ligne de vie, et hop, il s'y remet aussitôt.

Le soir même, emmitouflé dans une couverture sur le toit d'un café, je buvais un maté de coca en faisant rouler la pierre dans ma paume. Je songeais à José Luis, à Don Pauly, aux damnés de la terre dont la vie se réduisait à cela : crever à petit feu en creusant. Le soleil déclinait lentement derrière les montagnes. La lumière du crépuscule dorait les toits de la ville. Le monde était beau, malgré tout. Me revinrent en mémoire ces quelques vers de Jean de La Ville de Mirmont, enseveli à vingt-sept ans sous la terre fangeuse du Chemin des Dames :

> Que m'importe, à présent, que la terre soit ronde
> Et que l'homme y demeure à jamais sans espoir ?
> Oui, j'ai compris pourquoi l'on a créé le monde ;
> C'était pour mon plaisir exubérant d'un soir !

Sucre

De Sucre, on peut parler de deux manières. On peut la noyer sous des informations qui ne nous apprendraient rien de la ville, dire par exemple qu'elle s'appela successivement Charcas, puis La Plata – « L'Argent » –, puis Chuquisaca, avant de prendre le nom de Sucre avec l'indépendance de la Bolivie en 1825. Ou bien l'on peut dire comme le chauffeur de taxi qui me déposa Plaza 25 de Mayo : « J'y suis né, je l'ai quittée, j'y suis revenu, et jamais plus je n'en partirai : Sucre, c'est la douceur de vivre. »

C'était semaine de carnaval à Sucre : ici, cela consistait à s'envoyer des bombes à eau dans la rue, en regardant défiler des fanfares. Sur la Plaza 25 de Mayo, pendant que les gamins faisaient des batailles de mousse à raser, les adultes dansaient, buvaient, chantaient – des chants de moins en moins clairs à mesure que s'enivraient les chanteurs. Cela avait duré jusqu'au soir, et maintenant la nuit s'évertuait à faire de la ville un Soulages éphémère. Les derniers fêtards avaient fini par rentrer, laissant la place jonchée de canettes que balayaient deux vieillards, avec des feuilles de palmier. Quand les balayeurs eux-mêmes furent partis, je restai seul, allongé sur un banc, les mains croisées derrière la tête et les yeux grands ouverts. À Sucre ? J'ai fait l'inventaire des étoiles.

Vallegrande – La Higuera

À vol d'oiseau, La Higuera n'était pas si loin de Sucre, mais il fallait y aller par la route. Et les routes étaient si mauvaises qu'on ne comptait pas les distances en kilomètres ou en miles mais en heures, comme du temps de la ruée vers l'or on disait : « San Francisco ? À deux jours de cheval. » Si l'on avait sa propre voiture, il fallait compter entre sept et neuf heures. Faute de voiture, on devait prendre des bus : un premier pour Santa Cruz, un second pour Vallegrande, puis de Vallegrande se démerder pour trouver un taxi. Or aller de Sucre à La Higuera via Santa Cruz, c'était comme aller du jardin du Luxembourg au jardin des Tuileries via Prague ou Berlin. C'était aussi absurde. Et tout aussi long. Mais avais-je vraiment le choix ?

Les routes boliviennes sont mauvaises. Et dangereuses. Celle des Yungas, qui relie La Paz à la forêt amazonienne, a hérité d'un surnom éloquent: *el camino de la Muerte* – « le chemin de la Mort ». Les pentes abruptes, les éboulements, l'unique voie sans garde-corps, la boue, le brouillard permanent... Autant de visas tamponnés sur un passeport pour la tombe. En Bolivie, *prendre la route* est un abus de langage ; ici, c'est la route qui vous prend, et bien souvent c'est la vie qu'elle vous prend: sur le chemin de la Mort (trois mille mètres de dénivelé sur les cinquante premiers kilomètres), trois cents personnes en moyenne se tuent chaque année. Les croix jalonnent le parcours et le fond des ravins est un cimetière pour camions. Le plus souvent, les accidents ont lieu quand deux poids lourds se font face: celui qui monte a la priorité sur celui qui descend, et comme la chaussée en certains endroits ne dépasse pas trois mètres de large, le camion descendant doit reculer, reculer, reculer, les roues mordant l'abîme, jusqu'à une portion moins étroite où le camion ascendant pourra enfin se frayer un chemin. Il suffit d'un rien, d'un moment d'inattention du chauffeur, de roues qui dérapent, de freins qui lâchent, et c'est la mort assurée. On comprend mieux la superstition à l'égard de cette route, où personne ne s'aventure sans avoir invoqué les esprits, béni son véhicule et fait une offrande à la Terre-Mère.

Il n'est pas rare, quand on monte à bord d'un bus en Bolivie, d'apercevoir son chauffeur esquisser rapidement plusieurs signes de croix. Geste d'ailleurs si commun sur ce continent si pieux que depuis mon départ, chaque jour je l'avais vu exécuté au moins une fois, à Sucre par une vieille dame éplorée égrenant son chapelet au bord d'une tombe, à Santiago par un jeune homme avec une larme tatouée sur la joue qui passait à moto devant une église, à Bariloche par le patron d'un café qui regardait sur un écran de télévision la rétrospective des plus beaux buts de Diego Maradona – admirateur du Che, soit dit en passant, dont il avait le visage tatoué sur le bras.

Vallegrande. Il faut se figurer une petite ville sur les contreforts des Andes, à deux mille mètres d'altitude, où la température en hiver avoisine les vingt degrés, et où la seule attraction est la buanderie de l'hôpital, qui porte aujourd'hui le nom de son plus célèbre occupant : *Lavandería Ernesto Guevara.* Le Che a eu cinq enfants de deux femmes : Hilda Gadea Acosta et Aleida March. Quand il meurt à trente-neuf ans, ses enfants sont âgés de onze, sept, cinq, quatre et deux ans. Avant de partir pour la Bolivie il leur a écrit une lettre, entièrement reproduite sur le mur de la buanderie :

> Si un jour vous avez à lire cette lettre c'est que je ne serai plus parmi vous. Vous m'aurez presque oublié et les plus petits ne se souviendront de rien. Votre père a été un homme qui agit comme il pense, et qui sans aucun doute a été fidèle à ses convictions. Devenez de bons révolutionnaires. Étudiez beaucoup pour maîtriser la technique qui permet de dominer la nature. N'oubliez pas que la Révolution est ce qu'il y a de plus important

et que chacun de nous, tout seul, ne vaut rien. Surtout, soyez toujours capables de ressentir au plus profond de votre cœur n'importe quelle injustice commise contre n'importe qui, où que ce soit dans le monde. C'est la plus belle qualité d'un révolutionnaire.

Adieu, mes enfants, j'espère encore vous revoir.

Un gros baiser de Papa.

Après qu'à La Higuera Mario Terán l'a lesté de plomb, le corps du Che est aussitôt placé sur un brancard, aussitôt ficelé au patin d'un hélicoptère, qui aussitôt s'envole pour Vallegrande où l'attendent des journalistes, des militaires, et la faune habituelle de curieux qui se pressent en présence de journalistes et de militaires. Dans la buanderie de l'hôpital, une pièce de quelques mètres carrés aux murs aujourd'hui recouverts de slogans révolutionnaires et d'inscriptions à la gloire de Che Guevara, le brancard est déposé sur un évier en ciment qui fait office de lavoir. Le Che porte encore sa veste, un béret noir avec une petite étoile de marin rouge ou verte, l'infirmière qui l'a déshabillé pour ne lui laisser que son pantalon ne sait plus. Elle se souvient seulement qu'il avait trois chaussettes à chaque pied. Deux religieuses allemandes le lavent et le peignent et lui débroussaillent une barbe de onze mois, puis dans une odeur de formol qu'un docteur a injecté au cadavre, les militaires laissent entrer les journalistes incrédules. Les premiers expliquent aux seconds qu'il s'agit bien de Ramón, nom de code de Che Guevara : Tenez, regardez, les yeux, la mâchoire, la proéminence des arcades sourcilières, non, vraiment, pas de doute et, d'ailleurs, les empreintes digitales coïncident.

À la question de savoir comment il est mort, les militaires répondent : Au combat. Les journalistes photographient le cadavre, d'autres photographient les photographes photographiant le cadavre, qui a les yeux ouverts et ressemble à un saint – Santo Ernesto de La Higuera. Les photos sont envoyées en même temps que des dépêches, tout cela prend du temps pour arriver jusqu'aux rédactions, et il faut attendre trois jours pour lire dans *Le Monde* : « Le corps d'un guérillero nommé "Ramón" exposé à la morgue d'une bourgade bolivienne », puis cinq autres jours avant d'apprendre qu'il s'agit d'Ernesto Guevara.

Si j'étais là, à Vallegrande, c'était pour voir les yeux qui avaient vu les yeux du Che. Il y avait encore des gens qui vivaient là et qui cinquante ans plus tôt avaient défilé lentement, silencieusement devant son cadavre. Après avoir laissé entrer les journalistes dans la buanderie de l'hôpital, on avait invité toute la ville à venir constater le décès. Je n'étais pas le seul à nourrir une obsession pour le Che : sur la place principale du village, j'avais rencontré Roberto. Italien. Trente-cinq ans. Originaire de Sienne – Contrada de la Girafe, pour être précis. N'était venu en Bolivie que pour aller à La Higuera, et cela tombait bien, moi aussi.

Pour nous y emmener – trois heures de trajet par de mauvais chemins – nous avions trouvé un type qui se prétendait chauffeur de taxi, et qui scella notre engagement en nous serrant la main d'une poignée énergique. Victor Hugo, dit-il. Pardon, dis-je, Victor Hugo ? Il me montra son permis de conduire : il s'appelait *vraiment* Victor Hugo. Victor Hugo ! répétai-je, vous vous appelez comme… Eh oui, acquiesça le chauffeur de taxi, pas peu fier : comme l'ancien vice-président de la Bolivie, Victor Hugo Cárdenas. C'était, nous expliqua-t-il, un patronyme assez répandu dans son pays. Il fut amusé d'apprendre qu'il y avait eu accessoirement, en France, au XIXe siècle, un écrivain qui portait le même nom. Connu ? demanda-t-il. Plutôt, dis-je. Plutôt très connu. Il fit une moue dubitative : peu de chances qu'il fût aussi connu que l'ancien vice-président bolivien.

À la sortie de Vallegrande, on pouvait voir, peints en lettres rouges ou vertes, sur les murs de maisons souvent modestes, « *Evo no* », ou « *Evo sí* » – Evo Morales était alors président de l'État plurinational de Bolivie, et il y aurait bientôt des élections. Pendant longtemps, nous dit Victor Hugo, il y avait trois choses que les Boliviens ne pouvaient pas choisir : leur lieu de naissance, leurs parents, et leur président. Depuis qu'ils peuvent choisir leur président, beaucoup affichent leur préférence en badigeonnant les murs de slogans politiques.

Quand le Che arrive dans le Ñancahuazú fin 1966, la Bolivie n'est pas une démocratie, mais une dictature militaire avec un général au pouvoir. Et pour renverser le pouvoir, comme dix ans plus tôt à Cuba, il n'y a pas d'autre moyen que de prendre les armes. À ceux qui n'ont rien connu des convulsions de l'Histoire et se pincent le nez en entendant le nom de Che Guevara, à ces beaux esprits qui ne manqueront pas de faire remarquer que vouloir renverser le pouvoir par les armes est violent et que la violence n'est jamais, en aucun cas, sous aucune circonstance, une solution, rappelons seulement ce que disait l'évêque brésilien Hélder Câmara :

« Il y a trois sortes de violence.

La première, mère de toutes les autres, est la violence institutionnelle, celle qui légalise et perpétue les dominations, les oppressions et les exploitations, celle qui écrase et lamine des millions d'hommes dans ses rouages silencieux et bien huilés.

La seconde est la violence révolutionnaire, qui naît de la volonté d'abolir la première.

La troisième est la violence répressive, qui a pour objet d'étouffer la seconde en se faisant l'auxiliaire et la complice de la première violence, celle qui engendre toutes les autres.

Il n'y a pas de pire hypocrisie de n'appeler violence que la seconde, en feignant d'oublier la première, qui la fait naître, et la troisième, qui la tue. »

Ceci étant dit, retournons à La Higuera où Victor Hugo nous avait déposés.

Je connaissais peu les Landes, à peine la Dordogne, je n'avais jamais mis les pieds dans le Cantal ou l'Ariège, mais je me trouvais ici, au fin fond du Ñancahuazú, « cette jungle, disait Régis Debray, par rapport à laquelle la Sierra cubaine était un jardin botanique ». Le Ñancahuazú est à la Bolivie ce que la Creuse est à la France : le coin paumé par excellence. On connaît mieux certains endroits reculés dans quelques pays lointains que le palier de l'étage au-dessus de chez soi. Qu'étais-je venu chercher jusque-là ? « Un voyage, disait Lao-Tseu, fût-il de mille lieues, commence sous votre chaussure. »

L'omniprésence du Che à La Higuera est frappante : pas un seul endroit au monde où l'on entretienne avec pareille ferveur le culte d'un mort. C'est simple, il est partout, absolument partout. Il a sa statue à l'entrée du village, son buste à côté d'une croix, et, sur *chaque* mur de *chaque* maison, son visage. L'école où il a été assassiné est devenue un musée, qui ouvre à la demande : encore fallait-il trouver celui qui dans le village en possédait la clé. Tâche moins compliquée qu'on ne pourrait le croire : La Higuera, c'est dix-sept maisons pour une trentaine d'habitants. Parmi eux, une Française. Il y a une quinzaine d'années, elle avait racheté l'ancienne maison du télégraphiste pour y ouvrir trois chambres d'hôtes à l'usage des pèlerins guévaristes. Elle s'appelait Aude, elle avait un fils de sept ans dont le prénom, Inti (Fils du Soleil, en quechua), était celui d'un des derniers compagnons du Che en Bolivie. Inti allait à l'école ici comme dix autres gamins dont Casiano, douze ans. C'est son père, justement, qui avait la clé du musée. Or il était parti à Vallegrande l'avant-veille, mais nous avions de la chance, d'ici une heure ou deux il serait de retour. En attendant, contre quelques bolivianos, Casiano se proposait de nous guider jusqu'à la Quebrada del Churo. Après une heure de marche, nous y étions, nous étions à l'ombre du figuier où le Che fut mis en joue un matin d'octobre 1967. Roberto versa une larme.

Au retour, nous avions retrouvé Victor Hugo, qui jouait aux cartes sur le capot de sa voiture avec le père de Casiano.

Le *Museo comunal « La Higuera »* : une seule pièce, quelques photos du Che, un panneau qui rappelle les faits marquants de sa vie, et surtout des cartes en tout genre – d'identité, d'étudiant, de bibliothèque –, des drapeaux et des mots, des dizaines de mots laissés là par ceux qui en ont fait la visite. Je sacrifiai au rituel, et collai au mur une feuille sur laquelle j'avais écrit : « Chagrin d'un chant inachevé – *Viva El Che !* » Sous ce mot, j'avais laissé aussi mon adresse e-mail, en me disant qu'un jour, peut-être, quelqu'un prendrait mon mot en photo et me l'enverrait. On me croira ou non, mais deux ans plus tard, alors que j'étais allongé dans mon lit, mon ordinateur sur les genoux, en train d'écrire *précisément* le passage que vous avez sous les yeux, je reçus une notification. C'était un mail sans objet, envoyé par un expéditeur que je ne connaissais pas. Curieux, je l'ouvris : rien à voir avec mon mot laissé à La Higuera.

À La Higuera, en Bolivie.

La Paz

À La Paz, le ciel était pur, et l'Illimani aux cimes enneigées semblait veiller sur la ville, en patriarche aux cheveux blancs. La tête me tournait un peu : je n'avais rien mangé depuis des lustres, je n'avais pas pu fermer l'œil du trajet, et j'étais passé presque d'un trait de quatre cents mètres d'altitude à quatre mille. *Soroche.* Au fond du bus, nous étions serrés les uns contre les autres, à huit sur cinq sièges ; au gré des arrêts montaient toujours de nouveaux passagers bien obligés de rester debout : il n'y avait plus une seule place, pas un demi-mètre carré où s'asseoir, mais en Bolivie comme en Inde, un bus n'est jamais vraiment plein. Le confort est un luxe superflu ; le silence aussi. Devant moi, un bébé pleurait. Derrière moi, le moteur faisait un bruit à vous arracher les tympans. Au-dessus de moi, deux enceintes crachaient une musique assourdissante : il restait quinze heures de trajet. À quoi bon voyager, sinon pour apprendre à fêter le sort qui vous échoit ? J'essayai vaguement de lire quelque chose.

Pourquoi lit-on ? On peut tout à fait vivre en se passant de lecture. J'ai été, pendant toute mon enfance, un très grand non-lecteur, et si à dix-huit ans je ne m'étais pas mis à lire d'un coup, comme un damné, avec l'acharnement de ceux qui auront toujours, jusqu'à la fin de leur vie, mille lectures à rattraper, eh bien ma vie n'en serait pas moins supportable. Elle serait sans doute amoindrie, mais je n'en aurais pas conscience, et je ne ressentirais pas l'impérieuse nécessité de lire toujours plus, de même que celui qui n'a jamais vu, j'imagine, ne ressent pas l'impérieuse nécessité de voir : il entend le feu qui crépite, il ne sait pas la forme des flammes ; il perçoit le chant d'un oiseau, il ignore la couleur de ses plumes ; il sent le parfum d'une femme, il ne connaît pas son visage. Et peu lui importe : il n'en souffre pas. Ou seulement dans la mesure où d'autres lui ont fait part des voluptés infinies dont sa condition le prive. Mais donnez-lui la vue ne serait-ce que quelques instants, laissez-le voir le feu, les plumes, la femme, et demandez-lui alors s'il veut retrouver les ténèbres. Il vous répondra : vous êtes fou ?

Voilà ce qu'a été pour moi, à dix-huit ans, la découverte de la lecture. Alors bien sûr je n'irais pas jusqu'à dire qu'elle m'a sauvé de tout, ou prétendre, comme Montesquieu, qu'elle a « été pour moi le souverain remède contre les dégoûts de la vie, n'ayant jamais eu de chagrin qu'une heure de lecture n'ait dissipé », mais elle m'a consolé de bien des peines, car il suffit de peu, de si peu, il suffit d'un livre pour se soustraire au réel qui nous assiège et retrouver aussitôt ce dont nous sommes aujourd'hui de plus en plus dépourvus : les vertus de la lenteur. Les livres ont cette capacité inouïe à ralentir le temps, à diluer les heures en même temps qu'ils nous tiennent éloignés de l'ennui. La compagnie des autres peut nous être barbante. Celle des livres – des bons livres : jamais.

Sauf dans ce bus. Impossible de lire, dans ce bus. J'aurais bien voulu l'y voir, moi, Montesquieu, dans ce bus.

La Paz est dans une cuvette – *una cuenca*. On pourrait la diviser en trois parties : El Alto (le haut), la partie centrale et El Bajo (le bas). Entre le haut et le bas, huit cents mètres de dénivelé et cinq à dix degrés de différence. En bas, à l'abri des vents froids qui balayent l'Altiplano, les quartiers riches de la Zona Sur et de Sopocachi. J'avais réservé une chambre dans une auberge ; j'y posai mon sac à dos, qui s'allégeait d'étape en étape. Seize kilos à Buenos Aires, quatorze à Santiago, plus que douze à La Paz. En bon Petit Poucet, j'égrenais dans ma course quantité de bouquins qui m'avaient tenu compagnie depuis l'Argentine. Mais il y en avait deux, en plus du *Journal du Congo* de Che Guevara, que je ne pouvais me résoudre à laisser sur le bord du chemin : *L'Usage du monde* et *Le Livre des merveilles.* Celui de Bouvier me tenait lieu d'évangile ; celui de Marco Polo de viatique : les jours de fatigue, j'y puisais de quoi me distraire, me délasser l'esprit en chevauchant à ses côtés de Venise à Saint-Jean-d'Acre, de Mossoul à Bagdad, de Tabriz à Kerman, d'Ormuz à Samarkand, du plateau de Pamir au désert de Gobi jusqu'à la cour du Grand Khan.

Quiconque écrit un récit de voyage devrait s'inspirer de la façon qu'a le marchand vénitien de se faire ethnologue : observer, décrire, se garder de porter un jugement. Pas toujours évident. Parfois, Marco Polo lui-même ne peut pas s'en empêcher. Au royaume de Dragoiam, où *avant* que la maladie ne les tue on étouffe les malades – pour les dépouiller ensuite de leur chair et la manger –, Marco Polo s'indigne : « Ce sont les parents et les meilleurs amis qui font cette *horrible action.* » Et puis il y a des coutumes qui l'enchantent. Celle, par exemple, qu'ont les Tibétains d'offrir leurs vierges aux étrangers de passage : « C'est vérité qu'en ce pays nul homme, pour rien au monde, ne prendrait pour femme une pucelle, disant qu'elle ne vaut rien si elle n'est pas déjà accoutumée à coucher avec bien des hommes. Quand des gens arrivant de quelque autre pays passent par cette contrée, y ont planté leur tente, près d'un hameau ou d'un village, alors les vieilles femmes du village ou du hameau qui ont des filles à marier les mènent, et quelquefois par vingt, ou trente, ou par quarante. » Et il conclut : « N'est-ce pas qu'en cette contrée, nos jeunes gentilshommes de seize à vingt-quatre ans feraient bien d'aller faire un tour ? Ils y auraient des filles en veux-tu en voilà, et on leur demanderait de les prendre gratis ! »

Une coutume ne manquera pas d'étonner le voyageur arrivant dans les Andes. Celle qu'on a de s'attirer les bonnes grâces de Pachamama, en enterrant sous les fondations de sa maison des fœtus de lama. À La Paz, on les trouve aisément, suspendus par des cordelettes au-dessus des étals du *Mercado de las Brujas*, le marché des Sorcières – de petites rues bordées de boutiques à touristes et d'échoppes où l'on trouve un peu de tout, plantes et potions, poudres magiques, amulettes et remèdes en tout genre, du crapaud séché au bec de toucan. Mais ce sur quoi l'œil achoppe ce sont bien ces lamas rachitiques, décharnés, rabougris, aux longs cous très fins, qui pendent lamentablement, comme la pièce de bœuf au crochet du boucher.

Au marché des Sorcières de La Paz, on trouve aussi des *yatiris*, qui tiennent tout à la fois du guérisseur et du sorcier. Pour dix bolivianos, l'un d'eux m'assura qu'il pouvait me lire l'avenir dans des feuilles de coca. Je lui en donnai vingt, en le priant de ne m'en rien dire. Un peu plus loin, une *sorcière* était là, qui somnolait sur le pas de sa porte. Elle était vêtue comme le sont la plupart des *cholitas*, jupes de couleur, châle en laine et chapeau melon de feutre noir. Les chapeaux… Dans le courant des années vingt, suite au succès des comédies de Chaplin, un importateur en fit venir toute une cargaison d'Italie, pour s'apercevoir qu'on lui avait refourgué les invendus, les petites tailles, celles qui ne coiffaient que les têtes des enfants, et encore. Si les chapeaux lui restaient sur les bras, c'était la ruine assurée. L'importateur, dit-on, fit croire à ses clientes de l'Altiplano qu'un chapeau trop petit, c'était du dernier chic en Europe : là-bas, on ne l'enfonçait pas sur son crâne, on le portait en équilibre. Le stock fut vite écoulé, et la mode adoptée. Si le chapeau est posé tout droit sur la tête, c'est que la femme est mariée ; sur le côté, c'est qu'elle est célibataire. Pour la sorcière qui somnolait, ça n'était pas évident : sa tête, en appui contre le mur, était coiffée d'un borsalino qui penchait *légèrement*. Il avait pu glisser dans son sommeil. Puis elle ouvrit les yeux, me vit devant son échoppe, fasciné par les fœtus de lamas qui pendouillaient au-dessus de sa tête ; elle sursauta ; le chapeau tomba par terre. Elle se leva, les yeux écarquillés, s'approcha de moi et me dit : *Te pareces a mi hijo.* Je ressemblais à son fils.

Il y avait bientôt deux ans qu'il avait disparu. Il buvait beaucoup, *mucho, mucho*, dit-elle en faisant le geste de boire à la bouteille. C'était un gentil garçon, un très gentil garçon très malheureux qui s'était mis à picoler comme un trou du matin au soir et du soir au matin. J'avais assisté à quelques scènes de beuverie dans ma vie, certaines à faire passer *L'Assommoir* pour une dégustation de vins raffinés. Là, si j'en croyais la sorcière, c'était encore autre chose : c'était jour après jour se soûler jusqu'à perdre connaissance, ne se coucher qu'après avoir bu et ne se lever que pour boire. C'était vomir ce qu'on avait englouti, et là-dessus boire à nouveau pour se rincer la bouche. Un jour, il décida de se tuer en s'offrant une dernière nuit d'ivresse, une dernière cuite monumentale. À La Paz, il y a des endroits pour cela. On les appelle les cimetières d'éléphants.

On m'avait déjà touché un mot de ces hôtels underground où l'on trouvait des piaules minuscules, et dans chacune de ces piaules un urinoir, un lit, un tonneau, et dans ce tonneau de l'alcool à quatre-vingt-seize degrés, du *cocoroco* dont une seule lampée suffirait à coucher un cheval. J'en avais goûté dans la mine, à Potosí, mais je n'avais fait qu'y tremper les lèvres ; dans les cimetières d'éléphants, on y allait à la louche, on s'en mettait plein le gosier, on faisait ça tout seul, derrière la porte de sa chambre qu'avait préalablement verrouillée de l'extérieur un gardien, et s'il la déverrouillait ça n'était que pour ramasser le corps et l'enterrer Dieu sait où. La première fois que j'avais entendu parler de ces hôtels clandestins qui prêtaient leur concours au suicide, j'avais cru à une légende urbaine, une de ces histoires douteuses arrivées à l'ami d'un ami et qui passent de lèvres en lèvres sans qu'on soit jamais en mesure de remonter à la source.

Mais son fils n'était pas mort dans un de ces cimetières, non, il avait tiré la sonnette. Car on pouvait toujours se raviser, se dire que finalement, on n'avait plus envie de *beber hasta morir*, on pouvait tirer la sonnette, et alors on vous ouvrait, on vous attrapait par le col, on vous jetait à la rue. Il était rentré chez sa mère et lui avait tout raconté ; elle lui avait fait promettre de ne pas y retourner et ne doutait pas qu'il avait tenu sa promesse. Alors quoi ? Comment était-il mort ? Elle n'était pas sûre… Elle pensait que… Elle s'accroupit, ramassa son chapeau, se releva. Je crois, reprit-elle, qu'on l'a *enterré vivant*.

Pour contenter Pachamama, les fœtus de lama n'étaient pas toujours suffisants : quand on construisait un immeuble, il arrivait qu'on sacrifie un homme en l'ensevelissant sous les fondations. Et où les trouvait-on, ces hommes que des promoteurs immobiliers offraient à la Terre-Mère pour s'attirer ses faveurs ? Près des cimetières d'éléphants. On amadouait ceux qui la nuit rôdaient autour, les indécis qu'on faisait boire, qu'on écoutait parler, à qui l'on demandait s'ils avaient une famille, et si la famille en question se réduisait à leur vieille mère, ma foi, on ne trouvait rien d'amoral à jouer les intercesseurs entre eux et la mort. Quand l'alcool les avait assoupis, on les traînait jusqu'au chantier où l'on avait déjà creusé un trou. On les y couchait comme on les coucherait dans un lit. Il n'y avait plus qu'à reboucher le tout à la pelle. La sorcière en était convaincue : c'était le sort qui avait échu à son fils. En quittant le marché, je me demandais ce que Marco Polo aurait pensé de tout ça.

Copacabana

L'auberge Arco Iris promettait du wifi, de l'eau chaude et la télévision par câble. Je n'en demandais pas tant. À peine installé, j'allumai la télé, et tombai sur le match retour des huitièmes de finale de la Ligue des champions, entre le FC Barcelone et le Paris Saint-Germain. Une vingtaine de jours plus tôt, à San Pedro de Atacama, j'avais pu écouter le match aller sur le poste de radio antédiluvien que le propriétaire de l'auberge avait mis à disposition des trois Catalans qui partageaient mon dortoir : pas de télévision, une connexion wifi incertaine, c'était là le seul moyen de suivre le match, que ces supporters du Barça n'auraient manqué pour rien au monde. Le commentateur de la radio chilienne parlait vite, avec un accent prononcé ; j'étais loin de tout comprendre, je n'étais pas sûr de savoir qui avait la possession du ballon ni même, à vrai dire, quelle équipe venait de marquer quand il annonçait, à la façon expansive des Sud-Américains, en gueulant à pleins poumons : *Goooooaaaaal*, et ça n'est qu'à la bordée de jurons proférés à chaque but par mes compagnons de dortoir que j'avais pu les attribuer par déduction aux Parisiens : ce soir-là, au Parc des Princes, ils en avaient planté quatre au Barça.

Jamais dans l'histoire de la compétition une équipe n'était parvenue à combler un tel déficit ; et même après que Luis Suárez avait ouvert le score, au Camp Nou de Barcelone où se tenait le match retour, on avait du mal à croire que l'exploit fût possible : il fallait encore inscrire trois buts de plus pour revenir à hauteur des Parisiens, et un quatrième pour se qualifier en quarts de finale (à supposer bien sûr que le PSG n'en marque aucun). Et puis le PSG avait marqué, mais contre son camp. Et puis Lionel Messi, au retour des vestiaires, avait transformé un penalty d'une frappe en lucarne. Alors seulement on s'était laissé aller à rêver, à songer que peut-être...

Mais Cavani avait réduit la marque, et alors on avait su que c'était foutu pour le Barça, qui devait inscrire trois nouveaux buts. Avec trois minutes à jouer dans le temps réglementaire, pendant que les premiers spectateurs, abattus, quittaient le Camp Nou, j'éteignis le petit poste de télévision de ma chambre et partis me promener sur le port de Copacabana, dont le nom vient de l'aymara *koto kahuana*, qui signifie « vue sur le lac ».

Et quelle vue ! Et quel lac ! Long de cent quatre-vingt-dix kilomètres pour quatre-vingts kilomètres de large, le Titicaca s'étend pour moitié sur le territoire péruvien, et pour moitié sur le territoire bolivien, à trois mille huit cent douze mètres au-dessus du niveau de la mer, soit trois mille huit cents mètres exactement au-dessus de Barcelone où Neymar, en l'espace de trois minutes, avait marqué sur coup franc puis sur penalty avant d'offrir, dans les arrêts de jeu, à la dernière seconde, le ballon de la qualification à Sergi Roberto. Score final : FC Barcelone : 6, Paris Saint-Germain : 1. Au retour de ma promenade, quand je rallumai la télévision, mon vocabulaire s'enrichit d'un mot espagnol qui m'était jusqu'alors inconnu : *remontada*.

Isla del Sol

Sur le lac Titicaca, l'île principale, côté bolivien, fait à peu près la superficie du 16ᵉ arrondissement de Paris (bois de Boulogne inclus). Elle a pour nom Isla del Sol et pour particularité d'être le plus bel endroit que j'aie vu de ma vie. J'ai pourtant bien failli n'en rien voir.

Deux mille habitants et trois communautés y cohabitent : les Yumani au sud, les Cha'lla à l'est, les Cha'llapampa au nord. Tout ce monde vit de la pêche, de l'agriculture et des touristes que déversent deux fois par jour des bateaux en provenance de Copacabana : la plupart n'y passent que quelques heures, qu'ils consacrent à se promener sur la ligne de crête ; certains y restent une nuit ou deux, et quelques petits hôtels au confort modeste ont poussé. Chaque communauté trouvait là de quoi améliorer l'ordinaire, et tout allait pour le mieux dans le plus bel endroit du monde jusqu'au jour où les Cha'lla décidèrent de construire des cabanes. Oh, pas beaucoup, seulement cinq, des écolodges qui répondaient à tous les critères de respect environnemental. Problème : ils les bâtiraient à cent mètres à peine des ruines de Chinkana, un dédale de murets en pierre, mais surtout un ancien sanctuaire dédié aux vierges du Soleil.

Or pas question, firent savoir les Cha'llapampa, de laisser construire quoi que ce soit près d'un lieu aussi sacré. Le ton monta, quelques cailloux furent échangés, quelques bateaux brûlés, tout cela pouvait passer pour de simples escarmouches entre villageois furibonds, mais un soir, deux semaines après mon départ de l'Isla del Sol, c'est à la dynamite que les Cha'llapampa firent sauter l'objet du litige, et des écolodges flambant neufs ne restaient plus que des ruines.

Fureur des Cha'lla qui se réunirent en conseil et décidèrent, en mesure de rétorsion, d'un blocus maritime et terrestre du nord de l'île, avec sentinelles placées vingt-quatre heures sur vingt-quatre à des points stratégiques. Objectif : entraver la circulation des touristes.

Conséquence : effondrement de l'économie des Cha'lla-pampa dont les hôtels, les restaurants désormais restent vides.

Pendant des mois, plus personne n'accède à la partie nord de l'île où s'aventure, un matin de janvier 2018, une touriste sud-coréenne : comme le soir même elle n'a pas reparu à son hôtel, on part à sa recherche et deux jours plus tard on finit par découvrir, enseveli sous des pierres, son corps lardé de coups de couteau. L'affaire remonte jusqu'à La Paz, les représentants des deux communautés sont convoqués, on leur passe un savon, et on les oblige à *renouer le dialogue.*

En attendant, ce sont les Yumani de la zone sud, restés neutres, qui tirent profit de ces querelles de voisinage : chaque semaine, des centaines de touristes grimpent les deux cent vingt marches du grand escalier inca menant à leur village, ce que j'ai fait quelques jours à peine avant les premiers accrochages. Il y aurait tant à dire sur l'Isla del Sol où tout se fait à dos de mule ou à pied, sur le silence qui y règne, sur ses crêtes pelées, peuplées d'eucalyptus, de chèvres et de lamas, sur la cordillère des Andes qui veille là-dessus, sur son sentier principal, caillouteux, escarpé, vallonné, modestement appelé : la *Ruta Sagrada de la Eternidad del Sol.*

Je l'ai suivi trois heures durant jusqu'au nord, jusqu'aux ruines de Chinkana, à côté desquelles se trouvaient cinq maisonnettes en briques rouges – les fameux écolodges. Je m'adossai à l'un d'eux, et restai comme ça jusqu'au soir, à flamber ma rétine sur le lac et le ciel infini : s'il y avait un Dieu, Dieu m'enviait ; et si nous n'existons que via l'intensité avec laquelle nous emplissons le temps par la conscience aiguë d'être au monde, j'existais. Et néanmoins je n'étais pas tranquille : je songeais aux prédictions de la *Vieille Folle*.

Vieille Folle était le sobriquet que dans ma famille on donnait à la diseuse de bonne aventure, qui sans plus de précisions m'avait promis, quand j'étais encore au berceau, « une mort précoce et brutale, dans une contrée lointaine et grandiose ». Où ? Quand ? Comment ? Rien n'y fit. Ni les supplications de ma mère, ni la gueule enfarinée d'Eugène Delacroix sur les billets qu'elle lui tendait obligeamment : la vieille chiromancienne était avare de détails, inutile d'insister, on n'en saurait pas davantage. Ma mère aurait pu taire ces prédictions funestes, au lieu de quoi je fus élevé dans la légende proférée quelques jours seulement après ma naissance. En bas âge, elle me terrifiait : j'allais mourir, je ne savais quand, l'échéance était incertaine, une question de mois, de quelques années tout au plus ; puis vint l'adolescence et j'en tirai de l'orgueil : Achille, Alexandre..., les vies les plus brèves avaient pour corollaire une gloire éclatante.

Depuis, je parie régulièrement avec moi-même sur la date de ma mort. J'ai longtemps eu en ligne de mire les trente-trois ans d'un prédicateur renommé. Et puis le temps a tempéré mes délires de grandeur, l'espérance de vie que je m'accorde s'est accrue, et d'année en année je repousse l'échéance : ce fut d'abord trente-sept ans, comme Pouchkine, puis comme Apollinaire trente-huit, et ce sont aujourd'hui les trente-neuf ans du Che que je lorgne.

Une mort précoce et brutale... Une contrée lointaine et grandiose... L'Isla del Sol... Les ingrédients étaient réunis… Et si rien n'arrivait ? Si rien n'arrivait, si la prophétie qui pesait sur moi depuis l'enfance n'était qu'imposture, alors un jour, peut-être, à mon tour j'aurais des enfants, et je reviendrais sur l'Isla del Sol avec eux : ils verraient les crêtes pelées, peuplées d'eucalyptus, de chèvres et de lamas, ils verraient la Cordillère éternelle et ses cimes enneigées, et le lac à perte de vue, et là-dessus les reflets chatoyants du soleil ; je les regarderais, j'envierais leur jeunesse, et je verrais dans leurs yeux les reflets de ma propre jeunesse, les tristes et ternes reflets d'une époque engloutie dans les flots du passé.

PÉROU

Puno

La porte d'entrée du Pérou via le Titicaca. À Puno, pas de lyrisme – tant mieux ! Il faut en finir avec l'extase panthéiste dont regorge la littérature de voyage. Les riants paysages, les panoramas grandioses, les théâtres champêtres, qu'on les laisse à Sisley, à Turner, à Corot, ils en feront quelque chose. Mais moi, rien. Mettez-les sous mes yeux, je les contemplerai volontiers, pendant des heures, des jours s'il le faut, mais écrire là-dessus… La Seine à Bougival, la marée basse à Étaples, le canal de Chichester, la nuit étoilée sur le Rhône, les jardins de la villa d'Este à Tivoli, l'Aven au bois d'Amour sont à voir, à peindre sans doute, mais à lire ? Et puis le vocabulaire se dérobe, les noms me font défaut. Tenez, cet oiseau, là, qui passe au-dessus de ma tête. Il a sans doute un nom que je ne connais pas. Mais le nom de cet oiseau ne dirait rien de son plumage bicolore, ni de ses joues rosées, ni du bleu clair de son bec, encore moins du sifflement de son chant. Alors, à quoi bon le savoir ? Je tire parti de mon impéritie ? C'est possible. J'exagère de dire de Puno qu'elle n'est qu'une ville sans charme dans un site enchanteur, comme un étron enchâssé dans une monture étincelante ? Peut-être. C'est l'imparfait du subjectif. Et je veux bien croire que j'aurais dû y rester plus longtemps, mais trop tard : je l'ai laissée derrière moi sans regrets, et me voici désormais à Andahuaylillas où je vais enfin rejoindre l'itinéraire des deux G.

Andahuaylillas

J'y arrivai dans l'après-midi, sous un soleil à vous faire regretter la grisaille parisienne. Je croyais trouver une ville de taille moyenne, au lieu de quoi c'était un village, un tout petit village au pied d'un cirque de montagnes, avec en son centre une placette ombragée de grands arbres et là-dessous, immobiles et muettes, des femmes en costume traditionnel qui vendaient un peu de tout, ponchos, bonnets, jeux d'échecs où les conquistadors étaient sur le point de livrer bataille aux Incas (tout n'était pas encore joué). Leurs clients : les touristes venus visiter San Pedro Apóstol, l'église jésuite. Et quelle église ! La chapelle Sixtine des Andes. De l'extérieur, elle ne paye pas de mine : petite, trapue, on ne daigne lui jeter qu'un œil distrait et encore, parce qu'on se demande ce qu'un balcon de bois vient faire sur une façade Renaissance. Mais l'intérieur… On hésite à s'acquitter du droit d'entrée ; on s'en acquitte ; on grimpe la volée de marches qui mène au parvis ; on foule le parvis qui mène à la porte ; on pousse la porte ; on écarquille les yeux. Et des années plus tard on se demande encore comment raconter tout cela. C'est qu'on voudrait pouvoir tout décrire d'une seule phrase, comme le regard d'un seul coup embrasse le plafond polychrome, les toiles et les fresques, les autels et les orgues, le tabernacle en argent, le retable de bois, et cet or, tout cet or !

Quand vint le temps d'écrire sur cette église d'Andahuaylillas, j'ai voulu savoir ce qu'en avaient dit nos deux compères. Une seule page. Voilà le sort d'Andahuaylillas sous la plume d'Ernesto. Il n'en disait presque rien, et ce rien pour dire quoi ? Qu'il avait atterri à l'hôpital (un hôpital, à Andahuaylillas ?) pour se refaire une santé ; qu'après deux jours il était tiré d'affaire ; que les deux jours suivants furent marqués par la faim ; que le cinquième jour ils avaient trouvé un camion, et qu'ils étaient partis pour Ayacucho. Sans visiter l'église, vraiment ?

Au moins j'étais sûr de la trouver, cette église, dans le carnet d'Alberto qui consacrait pas moins de quatre pages à Andahuaylillas. En commençant par nous dire, étonnamment, que « cette ville (une ville, Andahuaylillas ?) est suffisamment grande (grande, Andahuaylillas ?) pour être équipée d'un hôpital », pour nous parler ensuite du garage, du poste de police, de la prison (une prison, à Andahuaylillas ?), mais pas de l'église.

Ils avaient dormi quatre nuits à Andahuaylillas, et pas un mot sur son église. Pas même une allusion ! Ce n'est pourtant pas bien grand, Andahuaylillas. Quelques rues à peine. Ils n'avaient pas pu la manquer, cette église. Ernesto, passe encore : il était malade. Crise d'asthme, comme d'habitude. Mais Alberto ? Je relus les pages que chacun consacrait à Andahuayl... *Wait a minute.* Il y avait une faute, là. Andahuaylillas, dans le carnet d'Ernesto, était écrit Andahuaylas. Ah, ces coquilles... Et il y avait la même dans le carnet d'Alberto ?

Et c'est ainsi qu'il existe, à huit heures de route du petit village d'Andahuaylillas (et sa fameuse église), la ville d'Andahuaylas (et son hôpital, sa prison, etc.) dont la quasi-homonymie m'avait induit en erreur. Ernesto et Alberto ne sont jamais allés à Andahuaylillas, pas plus qu'à ce jour je n'ai mis les pieds à Andahuaylas. Nous voilà quittes.

Cuzco

On dit de la nuit qu'elle tombe, mais rien n'est plus faux. Le jour est un laquais, servile et flatteur. Il se retire à reculons, sur la pointe des pieds. La lumière décline peu à peu, elle passe par toutes les nuances du bleu, jusqu'au bleu nuit de la nuit qui n'est jamais vraiment noire. Mais à Cuzco la nuit tombe, et elle tombe d'un seul coup, sans préavis. Vous êtes seul sur les hauteurs du Barrio de San Blas, à la terrasse du Supertramp Hostel où vous buvez une bière. Cuzco en contrebas resplendit ; les toits de tuiles et plus haut, sur les collines, les toits de tôle ondulée brasillent dans le jour ; vous clignez des yeux, stupeur, tout est noir : sous les tuiles et la tôle grésillent les ampoules. Quelle est donc cette guirlande enluminée qui scintille dans la nuit ? *Cusco, hermano.* En quechua : le nombril du monde.

Trois cent cinquante mille habitants parmi lesquels, à titre provisoire et depuis peu, Daneyssa. Elle a vingt-huit ans, vient du Venezuela, commence par vous dire, comme si elle s'adressait à elle-même : « Un jour, j'ai compris que mon téléphone portable était devenu un téléphone fixe », et puis elle vous explique qu'en avoir un sur soi dans la rue était devenu trop risqué – un téléphone, ça suscitait la convoitise, pour moins que ça on vous plantait un couteau dans le ventre, elle ne sortait jamais avec. Voilà, dit-elle, pourquoi j'ai quitté mon pays. Un matin, elle était allée faire changer ses bolivars en dollars, chez le cordonnier de la rue voisine elle avait fait mettre une semelle supplémentaire à ses chaussures, elle avait dissimulé là-dedans tout ce qu'elle possédait – cinq billets, elle s'en souvient, avec la gueule d'un type aux cheveux longs et un début de calvitie. Et puis elle avait pris un bus pour San Antonio del Táchira, elle avait passé la frontière à Cúcuta puis quatre mois à Quito. Cuenca, Máncora, Trujillo, Huaraz, Lima, Ica s'étaient trouvés sur son chemin, une vie nomade, itinérante qui l'avait vue arriver à Cuzco, y poser sa *mochila* deux, trois mois, le temps d'y gagner de quoi reprendre la route. Elle avait appris à vivre avec peu : elle nettoyait les chambres du Supertramp, balayait la terrasse et préparait le petit-déjeuner, services en échange desquels on lui offrait un lit en dortoir. Voilà pour le gîte. Pour le couvert, elle mangeait sur les marchés pour trois fois rien, et quand elle n'avait *vraiment* rien, elle jeûnait. Pour le reste, elle bossait *dans la pub*, c'est-à-dire qu'elle faisait la femme-sandwich à la sortie des écoles pour une marque de boisson. Elle gagnait trois cents sols par semaine, l'équivalent de quatre-vingts euros, dont elle envoyait le quart à sa mère, restée là-bas. Le futur de son pays l'inquiétait, mais pas le sien. Elle n'avait pas cette vague indifférence à l'égard de l'avenir qu'on appelle fatalisme ; son dénuement provisoire, elle le parait de vertus dont elle pourrait plus tard tirer d'inestimables profits. Quand elle aurait mis un peu d'argent de côté, elle irait vers Buenos Aires, embarquerait pour l'Europe – Londres, Madrid ou Paris, on verrait bien.

Les auberges de jeunesse, les cabines de navire et les cellules de prison ont ceci de commun qu'on y cherche, par souci de rationalisation économique, à optimiser l'espace autant que possible. Ici, c'était un dortoir de huit lits superposés, chacun pourvu d'un casier, d'une lampe, d'un rideau de toile orange qui vous assurait un semblant d'intimité.

Daneyssa désigna la couche du dessous. Voilà ton lit, dit-elle.

Je la remerciai, lui souhaitai bonne nuit, défis mes affaires, me couchai, m'endormis aussitôt, et fus réveillé par les gémissements que poussait, à intervalles réguliers, la locataire du dessus. Il y eut une halte, très brève, quelques rires vite abrégés, et ce fut reparti : elle n'était pas seule, les corps s'exprimaient maintenant sans ambages, jusqu'à faire grincer la structure en métal qui supportait les deux lits. Ce fut ainsi crescendo, jusqu'à une heure avancée de la nuit. Il était quatre heures du matin quand de nouveaux gémissements m'arrachèrent au sommeil. Je pensai écarter le rideau – pardon, hein, je ne voudrais pas vous déranger, mais j'essaye de dormir, et… Mais bientôt ce fut le silence. Deux heures plus tard, quand ils recommencèrent une troisième fois, tant pis, je tirai le rideau. Un mec, une fille, la seconde à califourchon sur le premier qui me contempla longuement, et, désignant du menton sa partenaire, s'écria dans un anglais de cuisine avec un accent italien prononcé :

— *Sorry, sorry, long time no see !*

Depuis la terrasse du Supertramp, on voit le rouge des toits de tuiles qui couvrent la ville, et, dans les couleurs indécises de l'aube, l'ocre et le bistre des collines qui la cernent. C'est l'heure où la nuit n'étant plus, on ne saurait dire s'il fait déjà jour – on hésite, on suppute, dans ces atermoiements le temps passe ; les jeux sont faits : la lumière du soleil a blanchi l'horizon, et déjà le ciel bleuit peu à peu dans la fraîcheur du matin.

On descend par des ruelles escarpées, inégalement pavées de cailloux. Comme à Barcelone où le catalan fait concurrence au castillan, les rues ici ont deux noms, mais le deuxième est en quechua. Sur la Plaza de Armas (Huacaypata), la cathédrale de Cuzco rivalise avec l'église de la Compañía de Jesús. Il faudrait les décrire, comparer l'architecture Renaissance de l'une à celle, baroque, de l'autre, préciser quand, par qui et pourquoi elles furent érigées – il y a pour cela des guides touristiques. Remontons plutôt la Calle Hatun Rumiyoc où *mira, mira*, s'époumone un guide péruvien dans un anglais mâtiné d'espagnol, *take a look at this wall*. Oui, regardez-le, ce mur. Vous voyez comme les pierres sont parfaitement taillées, superbement assemblées, miraculeusement ajustées ? Le savoir-faire inca, *amigos* ! C'est dans cette rue, poursuit le guide, devant ce mur, qu'Ernesto Guevara, le grand révolutionnaire argentin, s'est fait prendre en photo en 1954 avant de…

— 1952, dis-je.

— En 1954, reprend le guide. Avant de…

— 1952.

— Juillet 1954, assène-t-il, et je suis sûr de moi.

— Avril 1952. Ils y passent cinq jours, entrecoupés d'un séjour au Machu Picchu et d'une visite à Ollantaytambo.

Mais le guide n'en démord pas :

— 1954, *amigo*. Si tu veux, nous pouvons vérifier sur Google.

Et puis, prenant notre maigre public à témoin :

— Si j'ai tort, dit-il, je jure de bouffer mon *chullo*.

Le *chullo*, c'est ce bonnet péruvien traditionnel tricoté en laine, orné de motifs andins multicolores, muni de cache-oreilles et le plus souvent surmonté d'un pompon – qu'un instant plus tard, après que Google eut rendu son jugement, il entreprit de mâcher devant nous.

Pendant tous ces mois de voyage, je ne crois pas avoir été plus heureux qu'à Cuzco. Le matin, j'allais prendre mon petit-déjeuner au Mercado San Blas, un marché couvert où je retrouvais Carmencita, avec son tablier blanc et ses tresses noires, dissimulées sous une charlotte. Il y avait de tout sur son étal : des mangues et des melons, des papayes et des pommes, des bananes et des fraises… Je lui commandais invariablement *un jugo de naranja con huevos revueltos* – un jus d'orange avec des œufs brouillés – qu'elle me servait avec un sourire édenté, où luisaient deux canines. Elle était de ces femmes dont l'usage est de mésestimer la beauté. Son visage, plissé de rides, avait l'épaisseur des années qui se prennent pour des siècles ; sa peau, sèche et durcie, le teint cendreux des parchemins : on y lisait la fatigue et l'infortune, bien des rêves inaccomplis, bien des amours inassouvies, des misères tues. Je la payais en sols ; c'est encore en sourires qu'elle me rendait la monnaie. De jour en jour se nouait entre nous une complicité muette, une tendresse réciproque, et c'est le cœur lourd qu'au matin de mon départ je commandai mon dernier jus d'orange, mes derniers œufs brouillés. Au Machu Picchu, j'allais éprouver l'étourdissement flaubertien des paysages et des ruines ; en Patagonie, je m'étais familiarisé avec les froids réveils sous la tente ; ce matin-là, au Mercado San Blas, je compris ce qu'entendait Flaubert par « l'amertume des sympathies interrompues ». Je ne savais pas que je la reverrais : un an plus tard, j'allai passer le mois d'août à Cuzco ; reprenant mes vieilles habitudes, le matin suivant mon arrivée je me dirigeai vers le Mercado San Blas, en espérant sans trop y croire y retrouver Carmencita. Elle était là, avec son tablier blanc, ses tresses noires sous sa charlotte ; elle n'avait pas changé. Je m'assis devant son étal, devant les mangues et les melons, les papayes et les pommes ; elle me vit, me montra les deux canines : *Un jugo de naranja con huevos revueltos, verdad ?*

On ne peut décemment passer quelques jours ici sans rien visiter de la ville. Ses places, ses églises, ses monastères, ses musées. Et puis les sites alentour, Sacsayhuamán, Tambomachay, Písac, Ollantaytambo, Maras, Moray… Tout, je visitai tout comme on se gave d'amuse-gueule, de zakouski précédant le festin dont le nom fait rêver quiconque a des yeux : Machu Picchu.

Or le menu depuis peu proposait un hors-d'œuvre de plus : la montagne aux Sept Couleurs. Sur la Plaza de Armas, les agences touristiques promettaient toutes, photos à l'appui, le même programme : « *Rainbow Mountain – one day – only* 70 *soles !* » Cette montagne aux Sept Couleurs semblait être l'attraction du moment, et pourtant son nom, son existence m'étaient inconnus. Les guides de voyage que j'avais consultés n'en faisaient pas mention. Alors quoi ? Je ne connaissais rien à l'orogenèse, les savants mécanismes de la tectonique des plaques étaient pour moi des mystères, mais j'étais à peu près sûr d'une chose : il y avait peu de chances qu'elle eût poussé d'un seul coup dans la nuit, cette montagne.

Depuis plusieurs millions d'années, me dit l'employé d'une agence à qui je posai la question. La montagne existait depuis plusieurs millions d'années, elle avait toujours été là, au bord du fleuve Vilcanota, à une centaine de kilomètres au sud-est de Cuzco. Sauf qu'on ne l'avait jamais remarquée. Comment ça, dis-je, comment ça vous ne l'aviez jamais remarquée ? On ne pouvait pas dire qu'elle passait inaperçue : elle culminait à plus de cinq mille mètres ! Cinq mille deux cents, précisa l'employé de l'agence, et il m'expliqua qu'en fait, oui, bien sûr, on l'avait déjà vue, cette montagne, mais on n'avait jamais vu ses couleurs : c'est que – et il baissa la voix, comme s'il s'apprêtait à me confier un secret vaguement honteux –, jusqu'à récemment, *il y avait de la neige.*

Quelques mois plus tôt, la neige avait commencé à fondre, et les gens du coin, qui l'avaient toujours connue blanche, s'étaient aperçus avec stupéfaction que la montagne était multicolore ; le mot s'était répandu de hameau en hameau, de village en village jusqu'à Cuzco, la grande ville la plus proche où une première agence avait commencé par y emmener une poignée de touristes, puis les touristes avaient pris des photos qu'ils avaient postées sur Instagram, après quoi d'autres agences s'étaient mises sur le coup, et voilà comment le réchauffement climatique et les réseaux sociaux avaient fait de Vinicunca une nouvelle manne touristique pour toute la région. Il faut dire, conclut l'employé, qu'elle vaut le coup d'œil, non ?

Il fit défiler des photos sur son smartphone : Regardez, dit-il, vous voyez ce vert ? C'est du sulfate de cuivre. Ce rouge ? De l'oxyde de fer. Ce jaune ? Du soufre. Voilà des milliers d'années, que dis-je ? des millions d'années que des couches sédimentaires s'accumulent au sommet de cette montagne et tout ça pour quoi ? pour que des cons la gravissent avec des perches à selfie.

Alors voilà le programme, dit-il. On vous prend ici, sur la Plaza de Armas, à trois heures du matin – oui, je sais, ça pique –, on vous emmène en minibus jusqu'à Chilca, départ de la randonnée. Là, petit-déjeuner (inclus), puis marche de quatre heures (attention ça monte dur), mais si d'aventure vous êtes fatigué, vous pouvez toujours la faire à cheval (supplément). Arrivé au sommet, vous avez une trentaine de minutes pour prendre vos photos, après quoi on redescend. Retour à Cuzco en fin de journée, le tout pour soixante-dix sols. Alors, on dit quoi ?

On dit merci. Mais non merci. Je voulais y aller seul, par mes propres moyens. Et surtout, surtout je voulais être là-haut le premier. Avant le troupeau. Avant les touristes. Je glanai des renseignements ici et là, Daneyssa m'apprit qu'il fallait prendre un bus, direction Sicuani, puis demander au chauffeur qu'il me laisse à Checacupe, un tout petit village d'où un taxi pourrait m'emmener à Pitumarca, plus petit encore que Checacupe. Là, il y avait une auberge, dans l'auberge un aubergiste, et dans la bouche de l'aubergiste ces quatre mots : demain, camion, trois, heures.

Et vous voilà le lendemain à trois heures dans un camion, en route pour la montagne aux Sept Couleurs. De part et d'autre du camion des ballots de paille, et là-dessus, à moitié endormis, un plaid bariolé sur les genoux, un autre sur les épaules, *les travailleurs de la montagne* – pour la plupart des villageoises. Au lever du soleil, elles offriront leurs services aux touristes arrivés depuis Cuzco en minibus. C'est qu'un bon quart d'entre eux fait la randonnée à cheval : tout à l'heure, vous verrez un jeune Américain en surpoids se gorger sans effort du paysage, précédé d'une vieille Péruvienne, à pied, tenant les rênes d'un cheval au pas.

Il fait nuit. Il fait froid. Les dents claquent dans la pénombre, puis les corps s'habituent : on somnole. À cinq mille mètres d'altitude, la route s'arrête. Elle semble dire : et maintenant, démerdez-vous. Le reste se fait à pied, à petits pas, dans la nuit noire et sous la neige, à la lumière de la lampe frontale : trois, quatre heures de marche, vous ne savez plus bien, vous savez qu'il faut avancer, inspirer, expirer, vous hydrater, ignorer les chiens errants qui vous suivent, les alpagas qui vous regardent hébétés, avec leur toison blanche qui leur tombe sur les yeux. Vous jetez un regard derrière vous. Au loin, trois silhouettes noires dans la neige blanche, comme des notes sur une portée.

Vous continuez. Vinicunca est là, devant vous, à cent mètres. Le jour s'est levé ; pas le brouillard : vous ne voyez rien. Ni la montagne polychrome ni le chemin blanc monochrome. Ni l'homme en travers du chemin. Vous pensiez être là le premier, et vous trouvez cet homme, enroulé dans des peaux de chèvre qui lui tiennent lieu de couverture. Être là-haut avant tout le monde avec mes thermos, avec mon réchaud, attendre les premiers touristes et leur servir le maté de coca, voilà ma vie, dit-il, et il sourit : les dents sont en or. Comme vous grelottez, il vous propose une peau de chèvre. Vous attendez que le brouillard se dissipe. Une heure. Deux heures. Pas un rayon de soleil. Les premiers touristes débarquent, dépités – on leur avait promis sept couleurs, et il n'y en a que deux : le blanc laiteux du brouillard qui cache la montagne, et le rire jaune de ceux qui rêvaient de la voir. Aujourd'hui, Vinicunca s'est vengée.

Machu Picchu (cent six ans plus tôt)

Il existe une photo d'Hiram Bingham où on le voit posant devant sa tente. Il porte un foulard, un pardessus dont la ceinture fait le tour de sa taille, une chemise à poches qu'il a boutonnée jusqu'au cou ; il est coiffé d'un chapeau. Des chaussettes qui semblent être des bottes lui montent aux genoux, où retombe un pantalon bouffant, beige ou gris, comment savoir ? la photo est en noir et blanc. Il est grand. Il est beau. Il est sur le point de *découvrir* le Machu Picchu – on verra pourquoi l'italique – et ce récit de se transformer provisoirement en roman d'aventures – si vous n'aimez pas les romans d'aventures, sautez le chapitre.

On est en juillet 1911, Bingham a trente-cinq ans. Depuis quelque temps, il enseigne l'histoire de l'Amérique du Sud à Harvard et à Yale, mais il n'est pas du genre à rester le cul vissé sur sa chaise en attendant qu'on le fasse professeur émérite – il est même plutôt du genre à foutre le camp dès qu'il en a l'occasion. Quelques années plus tôt, lors d'un premier voyage, il a suivi l'itinéraire de Simón Bolívar à travers les Andes, du Venezuela à la Colombie. Puis il a sillonné l'ancienne route commerciale espagnole, de Buenos Aires à Lima, franchissant à dos de mule l'Altiplano péruvien. Maintenant, il s'est mis en tête de découvrir la dernière capitale des Incas.

Comme Yale a donné son accord pour financer l'expédition, il ne lui reste plus qu'à trouver des volontaires. Il pourrait faire passer une annonce dans les journaux, comme le fera trois ans plus tard Shackleton pour sa traversée de l'Antarctique : « On demande des hommes pour un voyage dangereux. Faible rémunération, froid glacial, longs mois d'obscurité totale, danger permanent, retour sain et sauf improbable. Honneur et prestige en cas de succès. » Mais il préfère recruter au sein des meilleures universités de la côte Est. En plus de lui et d'un jeune étudiant qui s'est porté volontaire pour lui servir d'assistant, l'expédition compte cinq membres : un géologue, un naturaliste, un topographe, un ingénieur et, parce qu'on ne sait jamais ce qui peut arriver quand on a décidé de pénétrer des territoires inconnus, un médecin. À tout ce beau monde il faut ajouter le sergent Carrasco, soldat péruvien qui présente le double avantage de porter une arme et de parler le quechua. C'est lui, le sergent, qui sert d'interprète à Bingham, quand celui-ci, ayant à peine posé le pied à Cuzco, interroge frénétiquement les planteurs de la vallée : est-ce qu'il n'y aurait pas, à tout hasard, quelques ruines dans le coin ? On s'entend répondre que si, justement, il y en a, et pas qu'un peu, mon neveu. Qu'il faut pour cela chercher « près d'un grand rocher blanc surplombant une source d'eau fraîche ».

L'expédition s'enfonce alors dans la vallée de l'Urubamba. Première étape : Ollantaytambo, où les ruines d'une ancienne forteresse inca depuis longtemps découverte surplombent un village. Là encore, on interroge les habitants. Un grand rocher blanc ? Par là-bas, répond l'un d'eux en pointant son doigt en direction d'une rivière. Bingham et compagnie se mettent en route aussitôt, et après plusieurs jours de marche ils débouchent en effet sur un site où se dresse un énorme rocher blanc. C'est un bloc de granit autour duquel s'étendent, à demi recouvertes par la forêt, les ruines d'un temple inca. Ce site, les locaux l'appellent Rosaspata, mais en confrontant les vestiges qu'il a sous les yeux à ce qu'il sait des chroniques de l'époque, Bingham comprend qu'il s'agit de Vitcos – la ville où trois siècles et demi plus tôt Manco Inca, le successeur d'Atahualpa, s'est retranché pour organiser la résistance aux Espagnols.

Maintenant qu'il a découvert Vitcos, pourquoi ne pas continuer ? Après avoir cartographié les lieux, on se remet en route, et vient alors l'un des moments que je préfère dans le récit que Bingham va tirer de sa « fabuleuse découverte de la cité perdue des Incas ». L'expédition parvient en face d'une chaîne de montagnes enneigées dont les sommets ne figurent sur aucune carte. On ne comprend pas. On se demande si l'on n'est pas un peu fatigué, si ces montagnes au loin ne seraient pas un mirage. On interroge le topographe, mais lui non plus ne comprend pas, ou plutôt il ne comprend que trop bien, mais il n'arrive pas encore à y croire, ses yeux vont de la carte aux montagnes, des montagnes à la carte, il sort un compas, une boussole, une règle graduée, procède à de savants calculs et pointe un doigt tremblant sur la carte où sont représentés l'Apurímac et l'Urubamba : « Messieurs, dit-il d'une voix étranglée par l'émotion, vous voyez ces deux fleuves ? Eh bien, si mes calculs sont bons, ces deux fleuves sont séparés par une cinquantaine de kilomètres de plus que nous ne le croyions jusqu'à aujourd'hui. Cela veut dire, poursuit le topographe, que nous venons de pénétrer dans ce qui est peut-être la dernière région de haute montagne encore inexplorée sur ce continent – et elle couvre près de quatre mille kilomètres carrés. »

On devine à ce moment-là l'excitation de la petite équipée : « Vers l'ouest, écrira Bingham, des vallées profondes et des montagnes tapissées de forêts s'étendaient à perte de vue. Nous dominions la vallée d'une rivière jamais cartographiée jusque-là. » Parce que la route est mauvaise, il faut renoncer à faire avancer les mules et poursuivre à pied. Bingham recrute une demi-douzaine de porteurs, et les voilà qui franchissent des torrents, s'enfoncent toujours plus profond dans la jungle et se frayent un chemin à la machette à travers les fougères et les lianes. Parfois, précise Bingham, il faut ramper de rocher en rocher sous des branches aux pointes acérées, ou avancer le long de corniches glissantes, ou aménager un replat dans le flanc d'un coteau pour y planter sa tente et voler quelques heures de sommeil. La nuit, les jaguars rôdent autour du campement.

Puis vient dans le récit de Bingham le moment le plus drôle, qui me fait penser à ce dessin humoristique que j'ai vu dans le bureau de Pascale Richard et Blandine Chaumeil, mes attachées de presse aux éditions Gallimard : à l'entrée d'une grotte, un chevalier en armure s'adresse à un petit animal à la peau verte qui ne lui arrive pas à la taille et semble parfaitement inoffensif : « C'est vous, dit le chevalier, l'effroyable et terrifiant dragon dont tout le comté parle ? » Et l'autre répond : « Oui ! J'ai un très bon attaché de presse. » Le terrifiant dragon, dans le récit de Bingham, est un certain señor Saavedra. On dit de lui qu'il vit dans un luxe ostentatoire et qu'il règne sur une cinquantaine de « sauvages », lesquels se sont fait une spécialité d'accueillir d'une volée de flèches empoisonnées quiconque met le pied sur son territoire. Bingham est un peu effrayé, on le comprend, qui ne le serait à l'idée de se faire trouer la peau de flèches au milieu de nulle part ?

Il envoie un des porteurs indiens en éclaireur, et c'est au soulagement de tout le monde que celui-ci en revient. Pas d'inquiétude, le señor Saavedra est en réalité un brave homme. Les cinquante serviteurs qu'on lui prête ? Une femme, une servante, quelques marmots. Le luxe dans lequel il se vautre ? Une simple maison de bois dans laquelle il convie les explorateurs. Faites comme chez vous, dit-il, et il leur sert un repas composé de poulet, de riz et de galettes de manioc. Des ruines ? Bien sûr qu'il y a des ruines dans le coin, leur répond le señor Saavedra : elles se trouvent un peu plus loin en aval, à Espíritu

Pampa. Et c'est ainsi qu'un peu plus tard, un peu plus loin, Bingham et ses compagnons de voyage se retrouvent à débroussailler des vestiges : après Vitcos, ils viennent de découvrir Vilcabamba, le royaume perdu des Incas, là où s'est réfugié le dernier d'entre eux, Túpac Amaru, avant d'être exécuté en public sur la Plaza de Armas de Cuzco. Mais Bingham, à ce moment-là, ne comprend pas que les ruines qu'il a devant lui sont celles de la dernière capitale des Incas. Alors il continue de chercher.

L'écrivain véritable, disait Paul Valéry, ne trouve pas ses mots, alors il les cherche, et, en les cherchant, il trouve mieux. On pourrait dire la même chose du véritable explorateur : c'est parce qu'il ne trouve pas ce qu'il est venu chercher qu'il cherche encore et trouve mieux. C'est ce qui va bientôt arriver à Bingham.

Accompagné du sergent Carrasco qui ne le lâche pas d'une semelle, du naturaliste et du médecin de l'expédition, eux-mêmes accompagnés des mules qu'ils ont récupérées en chemin, Bingham poursuit sa route. Un soir, comme ils campent au bord d'une rivière, ils sont rejoints par un certain Melchor Arteaga, un fermier qui leur en veut de ne pas s'être arrêtés dans ce qu'il appelle sa « taverne » – en réalité une modeste hutte, pour ne pas dire un gourbi. La conversation s'engage assez vite, et assez vite on en vient à la question de savoir s'il y a des ruines dans le coin. Arteaga répond qu'il y en a, que si ces messieurs sont intéressés ils n'ont qu'à gravir la montagne là-bas, et disant cela il pointe du doigt la montagne en question, mais c'est à peine si Bingham réagit. Non, décidément, il a beau chercher dans sa mémoire, ce nom de Machu Picchu ne lui dit vraiment rien.

Quand même, le lendemain matin, il décide d'y aller. On est le lundi 24 juillet 1911, et parce qu'il a décidé d'y aller ce jour-là, le 24 se distingue aujourd'hui des autres jours de ce mois de juillet 1911 où il ne s'est rien passé de notable, sinon peut-être en matière d'aviation, puisque le 16 un Belge a battu le record de distance en avion (625 kilomètres), huit jours après qu'un Français a quant à lui effacé le record d'altitude – 3177 mètres, soit sept cent trente-neuf de plus que le Machu Picchu qui culmine à 2438 mètres. Or il va bien falloir les grimper, il va falloir se les farcir sous la bruine glaçante qui toute la nuit s'est abattue sur la région, ces 2438 mètres, et cela, à vrai dire, n'est du goût ni du médecin de l'expédition ni du naturaliste qui tour à tour se défilent, le premier invoquant une lessive qu'il doit faire, le second préférant, euh, rester le long de la rivière pour, euh, chasser des papillons.

Il est à peu près dix heures quand Bingham lève le camp, toujours en compagnie du fidèle sergent Carrasco, et d'Arteaga qui d'abord n'était pas très enthousiaste à l'idée de se lancer dans l'ascension de la montagne, mais enfin, depuis que les Grecs d'Asie Mineure ont inventé la monnaie, il existe un moyen de convaincre même les plus réticents. Ces trois-là descendent sur plusieurs kilomètres à travers les fourrés, achèvent à coups de machette un serpent puis remontent en direction de la rivière. Pour la traverser, un seul moyen : une demi-douzaine de petits troncs attachés par des lianes, sur lesquels il faut ramper à plat ventre et pieds nus. Un peu après midi, six cents mètres au-dessus de la rivière, ils atteignent une petite hutte au toit de paille. C'est là qu'ont élu domicile Alvarez et Richarte, deux fermiers indiens qui dans ce bout de monde inhabité ont trouvé quatre ans plus tôt des terrasses agricoles. Ils les ont défrichées pour y planter un petit potager qui leur permet de vivre en autosuffisance, à l'abri des collecteurs d'impôts, des agents du gouvernement et des emmerdeurs en tout genre. Arteaga reste à discuter avec eux, parce que les ruines, merci, il les a déjà vues, et si Bingham tient tant à les voir il n'a qu'à y aller seul avec son sergent péruvien – le fils des fermiers, tiens, n'aura qu'à leur servir de guide. C'est un jeune garçon qui selon certaines sources se prénomme Pablito, Melquiades selon d'autres, qui a peut-être huit ans, peut-être onze – là encore, les sources divergent. Bingham l'a pris en photo ce jour-là : à ses lèvres fermées, à ses yeux froncés, on devine que ça l'emmerde pas mal d'être ici, et d'avoir à guider ces deux couillons en haut de la montagne. Il s'acquitte néanmoins comme il peut de la tâche, et les voici traversant des broussailles, progressant dans des fourrés de bambous quand soudain, des ruines.

Et quelles ruines !

Des ruines que l'œuvre lente des siècles a recouvertes de mousse.

C'est une expression toute faite, mais je n'en vois pas de meilleure : ce 24 juillet 1911, Bingham en découvrant ces ruines n'en croit pas ses yeux.

Machu Picchu

À moins d'emprunter le chemin de l'Inca, randonnée de quatre jours qu'il faut réserver des mois à l'avance via une agence de voyages, pour se rendre aujourd'hui au Machu Picchu, pas le choix : il faut passer par Aguas Calientes. On peut prendre le train depuis Cuzco ou Ollantaytambo ; on peut aussi lui préférer un minibus jusqu'à Hidroeléctrica, avant de marcher pendant deux heures le long des rails – option la plus aventureuse et surtout la moins onéreuse, privilégiée par les *backpackers* dont j'étais.

Aguas Calientes tire son nom des bains chauds naturels qu'on y trouve. Il y a quelques années, les autorités locales ont rebaptisé la commune Machupicchu Pueblo (littéralement le Village du Machu Picchu), un peu comme si la mairie de Paris décidait unilatéralement qu'il ne fallait plus dire Paris mais Tour Eiffel City. Mais les quatre mille cinq cents habitants ne s'y sont jamais vraiment faits, et désignent encore leur village du nom d'Aguas Calientes. Drôle de village, au milieu de la forêt vierge, dominé par des montagnes à la végétation luxuriante et traversé par une grand-rue, qui va de la gare à l'immense terrain de football en gazon synthétique, bordée de part et d'autre de mauvais restaurants, d'auberges de jeunesse et d'hôtels bon marché qui dès cinq heures du matin déversent une flopée de touristes : ils sont deux mille cinq cents à visiter chaque jour la cité inca – quota fixé par le gouvernement péruvien, grâce auquel elle n'est pas encore avilie par le tourisme de masse.

Si l'on dort à Aguas Calientes, c'est pour être au Machu Picchu dès l'ouverture, à six heures du matin. On a mis le réveil pour cinq heures ; on est, croit-on, le premier à être levé. Puis on découvre les lits défaits de ses compagnons de dortoir : le jour n'est pas encore là, et déjà les cafés fument dans les salles à manger des auberges, les couteaux tartinent de confiture trop sucrée des biscottes trop grillées, les visages ensommeillés sont penchés sur des bols. Arrêtons-nous sur ces visages un instant : on a si peu l'habitude de voir les gens au réveil avec la certitude qu'ils sont sur le point de vivre une journée dont ils savent à coup sûr qu'elle va compter dans leur vie. La première vertu du voyage : nous arracher au train-train quotidien, où les jours se ressemblent tant qu'il n'y en a pas un pour se détacher dans nos souvenirs. Celui-ci, c'est certain, se détachera du cours ordinaire de la vie.

Vingt minutes de bus, ou une heure à pied, au choix. On a peu dormi, et mal, un instant on hésite à prendre le bus, puis le corps finalement se met en marche sans attendre l'assentiment de l'esprit. Après tout, on est là pour prendre son temps. Huit kilomètres, par des sentiers qui ne font que monter. Et pendant ces huit kilomètres, on se répète en boucle *Machu Picchu, Machu Picchu, Machu Picchu,* jamais lassé du chef-d'œuvre onomastique que forme son nom.

— *Ciao, amico !*

C'était l'Italien du Supertramp, l'insatiable étalon italien et sa petite amie qu'il n'avait – *sorry, sorry* – pas vue depuis longtemps. Puis j'eus droit à une tape sur l'épaule, comme si nous étions de vieux amis qui avaient dîné la veille d'un plat de spaghetti *alle vongole* dans une gargote d'Ostuni.

Devant l'entrée, des guides offraient leurs services en plusieurs langues. L'un d'eux s'approcha vivement de la jeune fille, en disant :

— *Señorita, would you like me to give you a tour of the site ?*

— *Eh no,* s'écria l'Italien qui comptait s'épargner la présence d'un guide.

— *Perché no ?* reprit la jeune fille en s'adressant à son compagnon. Et elle lui susurra quelque chose à l'oreille.

— *Bene,* concéda l'Italien qui se tourna vers moi : *Let's take a guide together !*

Afin de procéder *dans l'ordre,* le guide nous conduisit jusqu'à l'entrée, où, nous montrant avec son bras les ruines en contrebas :

— Voilà, fit-il majestueusement, la plus merveilleuse des sept nouvelles merveilles du monde.

Inutile de décrire ce qui s'offre alors au regard. Ce qui frappe, même quand on l'a vu en photo, c'est l'immensité du site, sa majesté : le mariage heureux des Andes péruviennes et du bassin de l'Amazone. Et davantage que les ruines, ce qui nous émeut tant, c'est d'abord ce « paysage qui procure le cadre propice au rêveur extasié » (Guevara dans son Journal, le 5 avril 1952). Les ruines, oui, d'accord. Bien sûr, les ruines. Mais on ne m'ôtera pas de l'idée qu'on n'aurait jamais fait tant de foin des *mêmes* ruines en Picardie, au milieu des plaines à betteraves. Le Machu Picchu : un joli bijou que renferme un écrin d'exception.

Nous visitions le site depuis une demi-heure. Nous avions emprunté l'escalier principal, nous étions passés par le temple du Condor et le quartier des prisons, et nous nous trouvions maintenant devant le temple aux Trois Portes. Pachacútec, le neuvième empereur inca, nous avait appris le guide, avait fait bâtir la cité vers 1440. Longtemps, on s'était demandé s'il s'agissait de la résidence d'un empereur, d'un lieu de culte ou d'un refuge où vivaient les vierges du Soleil... On pensait désormais que le Machu Picchu avait surtout eu pour fonction de protéger la vallée sacrée des incursions des peuples de la jungle. Entre mille et deux mille personnes avaient vécu là jusqu'à la chute de Cuzco, en 1534. Après quoi les Incas l'avaient déserté, laissant la cité abandonnée jusqu'à ce que Bingham ne la redécouvre près de quatre siècles plus tard.

— En réalité, dit le guide, il n'a pas plus *découvert* le Machu Picchu que Christophe Colomb n'a *découvert* l'Amérique. D'autres avant lui en connaissaient l'existence. Ce qu'on doit à Bingham, c'est la découverte *scientifique* du Machu Picchu : il fut le premier à photographier le site, à le cartographier, à dresser un relevé précis des ruines et à les faire déblayer.

Puis le guide nous abreuva de détails, de chiffres et d'anecdotes, pendant que l'Italien malaxait la fesse droite de sa petite amie, à travers la poche arrière de son jean.

— Il y a quelques années, poursuivit le guide, un explorateur français a trouvé là une porte secrète, scellée par les Incas. Une étude électromagnétique a confirmé la présence de plusieurs cavités souterraines, et selon certains archéologues il s'agirait d'un site funéraire, peut-être même celui de l'empereur Pachacútec ! Malheureusement, le gouvernement péruvien rechigne à donner son accord pour que des fouilles soient effectuées...

— *Ti voglio subito. Andiamo !* dit l'Italien à la jeune fille, sans se douter que je comprenais l'italien.

La jeune fille fit un pas en avant, et se pencha pour mieux voir la porte scellée ; l'Italien fit un pas en arrière, s'éloignant de son amie pour apprécier, en esthète, la courbe de ses fesses, qu'il considérait d'un regard où luisait la lubricité la plus manifeste. Le guide se remit en marche ; puis, au pied d'un escalier, il étendit les bras comme s'il voulait étreindre le site tout entier, et, plus orgueilleux que le suisse faisant visiter la cathédrale de Rouen à Madame Bovary :

— On a dénombré plus d'une centaine d'escaliers, certains comptant jusqu'à cent cinquante marches !

L'Italien, ayant saisi la main de sa jeune amie pour lui faire tâter son entrejambe, s'impatientait.

— Celui-ci – soixante-dix-huit marches ! – nous mène à un monticule où l'on peut découvrir un splendide observatoire astronomique qu'on appelle *intihuatana.* C'est une énorme table de pierre, parfaitement polie, qui constitue l'un des principaux éléments des temples incas. Les prêtres espagnols ont fait systématiquement abattre ou mutiler *tous* les *intihuatanas* qu'ils ont découverts. Celui-ci est intact, et cela n'a rien d'anodin : c'est la preuve irréfutable que les conquistadors n'ont jamais atteint ni même connu l'existence du Machu Picchu.

La jeune fille prit ses jumelles. L'Italien, immobile, la regardait, n'essayant même plus de dire un seul mot ni de faire un seul geste, tant il se sentait découragé devant l'immensité du site, devant le temps que prendrait la visite et qui retarderait d'autant le moment où il pourrait assouvir le prodigieux désir qu'il éprouvait.

Le guide continuait :

— Les murs étaient en pierre, les toits étaient en paille : les murs sont restés, pas les toits. Pas plus que les portes, qui étaient en bois. Mais souvent il n'y avait pas de porte. Seulement un bâtonnet que le maître des lieux plaçait en travers du seuil, de manière à indiquer son absence et signifier aux visiteurs qu'ils ne devaient pas entrer. Chez les Incas, la propriété individuelle se limitait à quelques objets personnels. Ils ne connaissaient pas le vol.

Et, sans s'arrêter, tout en parlant, il nous traîna jusqu'au *Torreón*, le temple du Soleil.

— Il est construit, dit-il, sur une grande roche en dessous de laquelle se trouve une petite cavité : on pense que c'était un mausolée pour les momies. Lorsqu'ils momifiaient un corps, les Incas avaient coutume de replier les genoux du mort contre son menton, afin que la momie occupât le moins de place possible, poursuivit le guide en s'accroupissant de manière à mimer la momie. On a retrouvé ici plus de cent quarante squelettes : pour la plupart de jeunes filles, peut-être sacrifiées pour célébrer le culte du Soleil. Passons maintenant à…

Mais l'Italien tira quelques sols de sa poche et saisit la jeune fille par le bras. Le guide demeura tout stupéfait, ne comprenant pas cette prodigalité inattendue, lorsqu'il restait encore tant de choses à voir. Aussi, le rappelant :

— Eh ! *Señor.* La maison de l'Inca ! La maison de l'Inca !

— *Grazie*, fit l'Italien.

— Monsieur a tort ! C'est le premier vestige que vit Bingham en 1911. À cette époque, la forêt en recouvrait encore la plus grande partie. Elle est caractérisée par ses linteaux de pierre au-dessus de la porte, elle…

L'Italien fuyait. C'était comme si son désir, réfréné depuis bientôt une heure, allait le faire imploser. Pendant qu'il emmenait son amie vers les hauteurs du site, à la recherche d'un endroit où se dérober à la curiosité des regards, je pris congé du guide, qui ne m'apprenait rien de plus que le livre de Bingham, qu'il paraphrasait allègrement.

Je marchai une heure jusqu'à la porte du Soleil, fis demi-tour, puis entamai l'ascension du Huayna Picchu – le fameux pain de sucre qu'on aperçoit sur à peu près toutes les photos. Le sentier est glissant, abrupt, étroit, un moment d'inattention, un pied qui dérape, et vous faites l'économie d'un billet retour pour Aguas Calientes, huit cents mètres plus bas. Au sommet, le brouillard est épais, mais il finit par se dissiper et le panorama se dévoile dans l'ineffable étourdissement de la beauté qui rend les armes. Voilà vos efforts rachetés au centuple.

Je passai la journée parmi les ruines, et ne quittai le site qu'à sa fermeture, en fin d'après-midi ; à la sortie, je fis tamponner mon passeport du cachet du Machu Picchu, et c'est à pied que je pris le chemin d'Aguas Calientes. Le lendemain, j'étais de retour à Cuzco, sur la terrasse de l'auberge, allongé dans un hamac bariolé suspendu à deux arbres. C'était le moment de sortir mon carnet et de laisser courir sur ses pages encore vierges un stylo, ce sismographe du souvenir. Il allait falloir écrire, on ne pouvait avoir vu tout cela, Ollantaytambo, Písac, le Machu Picchu, sans rien en dire. Quelqu'un me tapota l'épaule.

C'était l'Italien. L'étalon italien torse nu, la taille enveloppée d'une serviette sous laquelle une ébauche d'érection dessinait un léger renflement, comme un bas-relief égyptien.

— *Sorry, my friend...*

— *Yes, I know, I know... Long time no see!*

— *No. You have condom?*

Lima

C'est un berger allemand péruvien. Il a des yeux noirs et obliques, un museau noir et luisant, de la bave écumante à la gueule. Il est à deux mètres à peine et lance des aboiements vifs et rageurs. Je demeure immobile et raide, blanc comme un cierge. On l'a dressé pour attaquer les intrus: je suis un intrus. À côté du molosse une fillette: elle a huit ou neuf ans, les cheveux bruns et les yeux verts. Sa robe est rose, en haillons. Ses pieds sont nus.

— Demande à ton chien, dis-je.

Mais je n'ai pas le temps de finir ma phrase: le chien se rue vers moi la gueule ouverte, et ses crocs se referment sur ma jambe.

J'étais à Lima depuis trois jours, et depuis trois jours je regrettais d'avoir quitté Cuzco: à Lima pas de soleil, rien que la *garúa*, un smog au carré, un brouillard au cube – la faute à la crédulité de Francisco Pizarro. Rien de plus assommant que ces écrivains qui, voyageant, vous refourguent entre deux anecdotes des tartines encyclopédiques sur chaque lieu traversé, mais il m'est impossible d'évoquer Lima sans évoquer Pizarro.

Quand les conquistadors débarquent à Tumbes, dans ce qui est aujourd'hui le nord du Pérou, ils ont des épées, des armures, des canons, de la poudre et surtout des maladies inconnues des Incas, la variole et la grippe, le tétanos et le typhus, la petite vérole, la fièvre jaune et la lèpre. Ils sont blancs, barbus, montés sur des chevaux ornés de grelots ; ils sont à peine deux cents et ils ont à leur tête un certain Francisco Pizarro. Et dans la tête de Pizarro une idée fixe : trouver de l'or. Ce pour quoi il n'hésite pas à faire écarteler, empaler, hacher menu quiconque se trouve en travers de sa route, et sa route le mène jusqu'à l'empereur, Atahualpa.

Ces deux-là, Pizarro et Atahualpa, l'Espagnol et l'Inca, l'adorateur de l'or et l'adorateur du Soleil, il faudrait faire le récit de leur rencontre. Il faudrait retourner sur la grand-place de Cajamarca le soir du 16 novembre 1532, quand Atahualpa sur son lit d'or est porté par des soldats désarmés. Il faudrait dire comment les Espagnols sont cachés dans les maisons alentour, comment dans la pénombre de ces maisons les épées luisent pendant que s'ébrouent les chevaux. Il faudrait raconter comment Pizarro fait envoyer un prêtre en soutane offrir une Bible à l'empereur, et comment l'empereur, qui ne connaît pas l'écriture, porte le livre à son oreille, n'entend rien, le jette à terre ; comment le prêtre se tourne alors vers Pizarro, son maître après Dieu, et lui dit : *Te absuelvo*, c'est-à-dire : *Je t'absous*, c'est-à-dire : Allez-y, les gars, massacrez les Incas, estropiez-les, écorchez-les, piétinez-les, étouffez-les, suppliciez-les si le cœur vous en dit, Dieu est juste, Dieu est bon, Dieu est plein de miséricorde, et vos péchés vous sont *déjà* pardonnés. Il faudrait raconter aussi comment, en quelques heures, deux cents hommes à peine en massacrent un peu plus de vingt mille, et comment celui qui pour ces vingt mille est un dieu se voit épargné mais jeté en prison, où on lui promet la libération en échange d'une rançon mirifique : douze tonnes d'or et d'argent qu'on fait venir des mois durant de tout l'empire, en vain. Atahualpa est jugé, condamné, garrotté – raison pour laquelle aujourd'hui encore, dans certains coins du Pérou, on fait peu de cas des Espagnols : dans les tavernes de Cuzco, on parle de l'exécution de l'Inca en serrant les poings, comme si l'événement avait eu lieu l'avant-veille.

Les Incas que n'a pas fait massacrer Pizarro sont décimés par les maladies, ceux qu'ont épargnés massacres et maladies sont en fuite, et ceux qui n'ont pas pu fuir sont réduits en esclavage. À quelques-uns de ceux-là Pizarro fait part d'un projet qui lui tient à cœur : maintenant qu'il a anéanti l'empire inca, il songe à faire bâtir une cité qui serait la place forte de la Couronne hispanique au Pérou – est-ce qu'on aurait une idée de l'endroit idoine où l'établir ? Oui, répondent les Incas : il existe une vallée désertique au bord de l'océan, cernée par la cordillère des Andes, où vivait autrefois un oracle. On lui a donné le nom de Rimaq : « celui qui parle », en quechua. Il n'y fait jamais vraiment froid, il n'y pleut quasiment jamais mais le ciel y est gris, l'air humide et dix mois sur douze un brouillard à couper au couteau obstrue le moindre rayon de soleil – sauf en janvier-février : ces mois-là le ciel est bleu, le temps radieux. Mais ces informations météorologiques, les Incas omettent sciemment de les donner à l'Espagnol, et le 18 janvier 1535, Pizarro-qui-tombe-dans-le-panneau pose dans cette vallée au microclimat calamiteux la première pierre de sa *Ciudad de los Reyes* – la future Lima.

Ayant pillé puis détruit la plupart des villes de l'empire, les conquistadors les font rebâtir sur le modèle de leur nouvelle capitale, celui, orthogonal, des villes espagnoles : au centre, ou proche du rivage, la place d'armes (*Plaza de Armas*), avec une cathédrale ou une église, un palais, quelques bâtiments administratifs, un jardin public et une fontaine. De là, partent des rues rectilignes que croisent en angle droit des avenues tracées au cordeau. Les siècles passent, les villes s'étendent, toujours de manière symétrique. Et puis les paysans fuient la misère des campagnes pour la misère des grandes villes, en périphérie desquelles apparaissent des campements de fortune : on les appelle *favelas* au Brésil, *villas miseria* en Argentine, *campamentos* ou *poblaciones* au Chili, *barrios* au Venezuela. En français : bidonvilles. Au Pérou : *pueblos jóvenes* (quartiers jeunes), merveilleux euphémisme pour désigner ces lotissements sauvages, construits à la main, à la pelle, à la pioche, sans titre de propriété ni politique d'aménagement du territoire : ici, pas de rues rectilignes, pas d'avenues au cordeau ; il est facile, en consultant le plan d'une ville sud-américaine, d'identifier au premier coup d'œil où se trouvent les bidonvilles : là où le damier laisse place à un lacis de ruelles.

Un Argentin sur cinq, un Chilien sur dix, un Bolivien sur deux, un Péruvien sur trois vit dans un bidonville, et dans chaque endroit où je m'arrêtais j'avais pris l'habitude de m'y rendre – moins en voyageur épris de misère pittoresque qu'en ethnologue amateur, qui cherche à *voir* pour comprendre comment vivent ceux-là même que les autorités voudraient dérober aux regards des touristes. En consultant le plan de Lima, j'avais jeté mon dévolu sur Las Casuarinas, à une dizaine de kilomètres du quartier de Miraflores où se trouvait mon hôtel.

En plus de quelques milliers de taxis, trente mille bus sillonnent chaque jour la ville de Lima, de cinq heures du matin à minuit. Pour fluidifier le trafic, la municipalité a eu l'idée d'adjoindre au chauffeur un *cobrador*, qui aboie les destinations et se charge d'encaisser votre argent. Un bus m'avait pris sur une avenue perpendiculaire au *Circuito de playas de la Costa Verde*, cette autoroute à six voies qui balafre la ville en prenant l'océan et la côte en écharpe. Une heure plus tard, il m'avait déposé devant un poste de garde. Bâti à flanc de colline, le quartier de Las Casuarinas n'était pas du tout un bidonville, c'était même l'exact contraire d'un bidonville, une *gated community*, un ghetto de riches, l'un des plus riches de Lima. Villas d'architecte, vastes terrasses, piscines à débordement, jardins fleuris, système de vidéosurveillance et clôtures électrifiées : *Bienvenido a Las Casuarinas.* Des barrières en filtraient l'accès, sous la supervision d'une brigade de vigiles. Il y avait bien un bidonville, m'apprit l'un d'eux, mais sur l'autre versant de la colline. De l'autre côté du mur, dit-il. Un mur ? dis-je. Quel mur ?

Mais d'abord : pourquoi certains des Liméniens les plus riches avaient quitté les quartiers cossus de Miraflores et de Barranco, leurs bars branchés, leurs restaurants gastronomiques, leurs galeries d'art et leurs musées, leurs parcs fleuris et surtout leur vue sur l'océan Pacifique, pour s'établir sur cette colline en périphérie de la ville ? La réponse tenait en deux mots : *Sendero luminoso.*

Le Sentier lumineux : parti politique pour les uns, organisation terroriste pour les autres, il était né dans le département d'Ayacucho dans les années soixante-dix, d'une des scissions du communisme péruvien. D'obédience marxiste-léniniste, inspiré d'un maoïsme pur et dur qui ne faisait pas de quartier, le Sentier lumineux avait pour fondateur et pour chef un certain Abimael Guzmán Reynoso, professeur de philosophie qui aimait à se faire appeler simplement camarade Gonzalo, ou, moins simplement, Quatrième Épée du marxisme – les trois autres étant Marx, Lénine et Mao.

On le dit austère et sectaire, mégalomane et mystique, aussi introverti qu'orateur de talent, ce qui lui permet de recruter à l'université, comme chacun sait le foyer de subversion le plus sûr. Les étudiants retournent ensuite dans leurs villages, instituent des comités populaires, recrutent à leur tour des paysans, et prônent la lutte armée pour renverser l'État péruvien. Le premier coup d'éclat des sendéristes – les partisans du Sentier lumineux – a lieu en mai 1980, quand ils mettent le feu aux urnes électorales d'un petit village de la province d'Ayacucho. Très vite, ils passent à des actions plus violentes, s'attaquant d'abord à la police puis à ceux qui, n'étant pas de leur côté, sont présumés de l'autre. L'autre, c'est le gouvernement, qui en réponse envoie l'armée. De part et d'autre ont lieu des massacres, mais du côté de Lima on s'en soucie assez peu, on continue de prendre de haut ces péquenauds des Andes un peu agités, et on n'est pas loin de les regarder d'un air moqueur, comme on regarderait, en France, des paysans savoyards qui voudraient faire sécession. Il y a aussi que ces péquenauds s'attaquent essentiellement à des péquenauds dans leur genre, des analphabètes indigènes qui ne parlent pas l'espagnol mais le quechua. Et puis tout cela se passe dans les montagnes, loin de la côte, loin de Lima où l'on peine à le prendre au sérieux, ce Guzmán dont on prétend qu'il a le culte du secret – on ne dispose alors d'aucune photo ni vidéo de lui –, et qui se prend, dit-on, pour le nouveau phare de la révolution mondiale.

Les choses changent assez rapidement quand Guzmán décide d'étendre sa « guerre populaire prolongée » à Lima : cela commence par des sabotages de réservoirs et de lignes à haute tension, avec pour conséquences des coupures d'eau et d'électricité, désagréments somme toute assez mineurs au regard de ceux qui vont bientôt arriver. Car cela se poursuit par des assassinats ciblés, puis des attentats aveugles, avec comme point d'orgue celui de juillet 1992, deux mois avant la capture de Guzmán (on ira jusqu'à l'exhiber dans une cage, en costume rayé de bagnard, avant de l'envoyer purger le restant de ses jours en prison), quand deux voitures piégées explosent à Miraflores, faisant vingt-cinq morts et des centaines de blessés. Les Liméniens les plus riches commencent à trouver trop dangereux les beaux quartiers de Lima et s'exilent alors en périphérie de la ville. À Las Casuarinas par exemple, où ils font construire de luxueuses villas à flanc de colline. Sauf qu'il y a déjà, sur cette colline, sur l'autre versant, les Liméniens les plus pauvres. Amérindiens pour la plupart, ils sont venus d'Ayacucho ou d'Abancay, de ces régions où depuis longtemps déjà sévit le Sentier lumineux, et qu'ils ont fuies pour s'installer en bas de la colline, puis de plus en plus haut, si haut que de l'autre côté on s'inquiète : est-ce que ce *pueblo joven* ne va pas finir par grignoter peu à peu tout le terrain pour s'établir jusque sous les fenêtres des villas ? Les Jésuites du Colegio La Inmaculada de Las Casuarinas posent la première pierre d'un mur qui va bientôt s'élever à trois mètres de haut, mur que des habitants, réunis en comité de quartier, décident d'étendre et de consolider au point qu'il est aujourd'hui surmonté de fils barbelés et serpente sur dix kilomètres, tout le long de la ligne de crête. Il sépare les riches des pauvres : les riches l'appellent *el muro* – « le mur » ; les pauvres, *el muro de la vergüenza* – « le mur de la honte ».

Je quittai Las Casuarinas, le côté riche de la colline, pour Pamplona Alta, le côté pauvre. En bas, sur l'Avenida San Juan, les routes étaient encore goudronnées, et les maisons en brique. Celles-ci avaient l'eau courante et l'électricité, mais, très vite, la route laissait place à des chemins de terre ocre, des escaliers faits de pneus usagés, et les maisons ne sont plus vraiment des maisons mais plutôt des cabanes : elles n'ont qu'une pièce, parfois deux, séparées par un morceau de carton ; le plus souvent le sol est en terre ; les fenêtres, s'il y en a, sont voilées d'un simple chiffon ; les murs sont des planches en bois, les toits des plaques de tôle ondulée sur lesquelles on a posé des briques ou des cailloux pour éviter qu'au premier coup de vent tout cela ne s'envole. Devant chaque porte, un chien monte la garde – et c'est la première chose qui vous frappe en bas de la colline : la colline aboie.

J'avais déjà eu affaire pendant mon voyage à des chiens, errants pour la plupart. Je leur devais mes seules frayeurs : à Valparaíso, où ils allaient par trois ou quatre, et furetaient autour des poubelles ; à Uyuni, où l'un d'eux, ayant délaissé la charogne d'un lama, avait fondu sur moi la gueule ouverte (je ne l'avais fait fuir qu'à jets de pierres sur le museau, grenat de sang caillé) ; à Puno enfin, où m'attendait devant la gare une meute de chiens faméliques, comité d'accueil qui m'avait fait d'emblée classer la ville parmi les moins hospitalières du continent. Les chiens, à Pamplona Alta, n'étaient pas des chiens errants : ils avaient un maître, et ce maître une cabane qu'il leur fallait protéger. Et c'est peu dire qu'ils s'y employaient avec un zèle infatigable, montrant les crocs dès lors qu'on passait devant eux. Je m'étais mis en tête d'aller toucher le mur de séparation, et j'entrepris, à pied, l'ascension de la colline.

Tout y est gris, d'un gris marronnasse : c'est la deuxième chose qui vous frappe. Les portes des cabanes, les façades peinturlurées de jaune, de mauve ou de rose égayent un peu la grisaille, comme les bidons d'eau qui sont bleus, quelques cactus qui sont verts, le linge qui sèche sur des fils et devrait apporter un peu de polychromie mais qui ne fait qu'accentuer, par effet de contraste, le gris de tout le reste car tout, absolument tout est gris sauf la misère, qui est noire.

Je n'étais pas d'ici, ça se voyait. Les gens le savaient, les chiens le sentaient ; les gens s'en foutaient, pas les chiens. À ma vue, leurs oreilles se dressaient, leurs aboiements redoublaient d'ardeur, et je dissimulais mon épouvante sous une bravoure de façade. À mon passage, les chiens se dressaient sur leurs pattes, le poil hérissé ; certains s'approchaient, me reniflaient le cul, me suivaient sur quelques mètres avant de rebrousser chemin. Mâchoire serrée, tête haute, j'avançais lentement, je m'enfonçais dans les bidonvilles de Pamplona Alta. Plus l'on grimpait, plus c'était pauvre. Avant-guerre, dans les favelas de Rio, Lévi-Strauss notait déjà que « la place occupée par chacun dans la hiérarchie sociale se mesurait à l'altimètre : d'autant plus basse que le domicile était haut ». À Pamplona Alta, ceux qui habitaient tout en haut n'avaient pas même cet agrément dérisoire qui d'ordinaire est le privilège des lieux en surplomb : une vue. À cause du brouillard, on ne voyait pas à vingt mètres, et quand le brouillard se dissipait, ça n'était pas sur l'océan, mais sur une mer de tôle que venait mourir le regard. Ce versant de la colline était invivable : soixante mille personnes y vivaient.

Je finis par arriver au faîte de la colline, face au mur de séparation auquel je m'adossai un instant. À ma droite, une décharge à ciel ouvert : des poules caquetaient au-dessus des immondices, que des cochons fouillaient de leur groin. À ma gauche, la plus misérable des cabanes : le toit était une bâche en plastique, la porte une planche mal équarrie, gardée par un chien. À côté du chien, la petite fille aux cheveux bruns et aux yeux verts.

Je la regarde et je songe au Che.

Il y a peut-être un moyen de comprendre ce que pour les damnés de la terre le Che représente. C'est de se mettre un instant, juste un instant, dans la peau de la petite fille. C'est d'escalader le mur avec elle. Vous y êtes ? Que voyez-vous de l'autre côté ?

Au premier plan, des types qui portent un gilet jaune réfléchissant, avec écrit en gros caractères : SEGURIDAD. Ils ont un flingue à la ceinture, un talkie-walkie à la main, ils font leur ronde. Ils sont là pour vous ôter l'envie de franchir le mur, si du moins cette idée saugrenue vous passait par la tête. Vous voyez peut-être aussi quelques jeunes, à côté d'un pick-up, qui roulent des cigarettes en écoutant de la musique. Un peu plus loin, un flanc de colline pelée, étendue de terre immense et désertique au-delà de laquelle se dessinent, en contrebas, de gigantesques villas.

En appui sur le mur, à travers les fils de fer barbelés, vous apercevez les villas les plus proches. Vos lèvres tremblent et vos yeux s'écarquillent. D'où vient cet étonnement si soudain ? Est-ce de la crainte ? De la convoitise ? Du désir ? Oui, ce doit être cela. Le désir de posséder. Mais quoi ? Qu'est-ce donc, qui vous attire à ce point ? Les villas ? Ce qu'il y a dans ces villas ? Est-ce que ce sont les voitures de luxe au garage, les Lamborghini, les Mercedes, les Porsche ? Vous êtes une petite fille de huit ou neuf ans, les voitures vous indiffèrent. Est-ce que ce sont les chambres, et dans ces chambres les lits démesurés, leurs oreillers moelleux, quand chez vous les lits sont des matelas pleins de trous, l'un contre l'autre alignés à même le sol, et les oreillers de vieux tee-shirts, qu'on a roulés en boule ? Non, ça n'est pas cela. Alors quoi ? La cuisine, et sur le plan de travail ces corbeilles qui regorgent de fruits ? Même pas. Et ça n'est pas non plus le dressing, la garde-robe, les robes de princesse, car si votre robe est en haillons vous êtes une princesse – *mi princesita*, c'est le surnom que vous a donné votre mère.

Non, ce qui vous intrigue, ce pour quoi vos yeux s'écarquillent, ce ne sont pas tant les villas que les jardins qui les cernent. Et dans ces jardins, ce ne sont pas les palmiers ni les buis parfaitement taillés, ce sont les pelouses bien vertes, qu'irriguent en permanence des tuyaux d'arrosage automatique. Voilà pourquoi vos yeux luisent de convoitise : pour les tuyaux d'arrosage automatique. Vous n'entendez pas le bruit sec, le bruit bref que ça fait, un bruit blanc, monotone comme le chant des cigales, mais même d'aussi loin que vous l'êtes, même à travers les fils de fer barbelés vous voyez l'eau qui jaillit puis retombe comme une pluie de cristal, en continu. Et vous ne savez pas que là-bas, de ce côté-là du mur où l'on a cent fois, mille fois les moyens que l'on a de ce côté-ci, là-bas l'eau vaut dix fois moins cher que sur votre versant de colline, où deux fois par semaine des camions-citernes viennent remplir à des prix exorbitants de gros réservoirs en plastique. L'eau là-bas n'a pas un goût de plastique, là-bas on n'a pas de bassine, mais des baignoires, des salles de bains en marbre, des toilettes séparées. De vraies toilettes et de l'eau dans ces toilettes, quand vos toilettes à vous ce sont des rigoles creusées dans la terre. Et vous songez à leurs toilettes, et à votre mère qui ne les connaît que trop bien. Votre mère qui, chaque jour, contourne le mur par des sentiers pentus, poussiéreux l'été, boueux l'hiver, été comme hiver jonchés de bouteilles en plastique et de tessons étincelants, et qui *de l'autre côté* fait le ménage, lave, lustre, vernit le moindre recoin de ces villas de riches, jusqu'à leurs chiottes qu'elle récure. Et peut-être même qu'en ce moment elle est à genoux, votre mère, peut-être bien qu'elle a le nez dans leur merde, et ce jour-là dans votre esprit s'ouvre une brèche, vous prenez conscience que sa vie c'est cela, une vie qui consiste à récurer les chiottes des riches dans ces villas de l'autre côté de la colline – une vie ? Une survie dont on a fait une vie. Vous avez huit ou neuf ans, et votre cœur est plus lourd, soudain lesté d'un sentiment d'injustice ; car si les hommes naissent libres et égaux en droits, vous pressentez qu'ils sont plus ou moins libres, plus ou moins égaux selon qu'ils sont nés de ce côté-ci du mur ou de l'autre. Et parce que vous avez huit ou neuf ans, ça n'est pas ainsi que vous y pensez, et d'ailleurs ça n'est pas une pensée, c'est un trouble, une sensation, une émotion vive et intense, quelque chose qui ne se joue pas dans l'esprit mais dans le cœur, mais qu'importe, ce quelque chose a germé dans votre cœur de huit ou neuf ans, et du cœur à l'esprit il va faire son chemin, et quand, à quatorze ou quinze ans, vous tomberez, dans un manuel scolaire ou dans la rue, reproduit peut-être en graffiti sur *le mur de la honte*, quand donc vous tomberez sur le fameux portrait de Korda, celui du guérillero à l'œil noir, ce Guevara sur le compte de qui vous chercherez à en savoir un peu plus, et que vous apprendrez qu'il tremblait d'indignation à chaque injustice, qu'il ne cessa jamais de proclamer sa foi en la révolution et qu'il fut, de l'Amérique à l'Afrique, de toutes les révoltes contre l'humiliation, et qu'il le paya de sa vie, et qu'il avait enfin pour credo : « Soyez réalistes : demandez l'impossible », vous aurez dès lors un battement de cœur chaque fois que vous entendrez résonner ces trois lettres : *Che.*

Mais pour le moment vous n'êtes qu'une petite fille de huit ou neuf ans à côté de qui se tient un berger allemand péruvien. Et moi qui suis un gringo égaré dans vos bidonvilles, je vous regarde. Je pense à vous, au mur, au Che. Et le chien me voit vous regarder. Il pense à vous, au mur, à moi. À moi qui vis de l'autre côté du mur, sans quoi il m'aurait déjà vu par ici. Ses oreilles se dressent; il aboie. Je me fige et je vous dis : Dis à ton chien. Mais je n'ai pas le temps de finir ma phrase : le chien se rue vers moi la gueule ouverte et ça y est, ses crocs se sont refermés sur ma jambe.

La période d'incubation de la rage varie de quelques jours à plusieurs mois. Ça commence par un léger rhume, quelques frissons, de la fièvre, un manque d'appétit. On se dit d'abord qu'on couve une mauvaise grippe, on garde le lit, on attend d'aller mieux : on ne va pas mieux. On est anxieux, agité, irritable, insomniaque, on a des spasmes musculaires, une difficulté à avaler, à respirer, et parfois même, curiosité parmi d'autres, une peur de l'eau. On est admis à l'hôpital, où l'on fait une batterie de tests, et les tests nous apprennent qu'il est trop tard. L'issue, après l'apparition des premiers symptômes, est inéluctable et survient le plus souvent dans les quatorze jours : la mort.

Avant mon départ, je m'étais fait vacciner contre l'hépatite A, l'hépatite B, la fièvre jaune et la fièvre typhoïde. Pour la rage, j'avais hésité : il y avait tout de même peu de chances que je fusse mordu par un chien enragé, et puis la vaccination antirabique à titre préventif était assez contraignante, elle demandait trois injections, à J-0, J-7 et J-28. Un médecin de l'Institut Pasteur m'avait conseillé de me faire vacciner contre la rage, mais j'avais décliné l'invitation. Et puis, quelques jours plus tard, ayant jeté un œil sur la brochure qu'il m'avait remise, ayant lu que la rage était « l'une des rares maladies humaines qui soit mortelle dans 100 % des cas » (la phrase était soulignée), je m'étais ravisé, et finalement je l'avais fait, ce vaccin.

Je n'allais donc pas mourir de la rage, mais je pouvais encore finir déchiqueté. C'était donc ça, ma *contrée lointaine et grandiose*? Les bidonvilles de Lima? La fillette s'était portée à mon secours. Ses petits bras tiraient vaillamment son chien par la queue, mais il ne lâchait plus ma jambe; il y avait là-dessous un bel os et il serait son festin. Je ne dus mon salut qu'à la main providentielle d'un homme accouru avec un bidon d'eau, dont il déversa le contenu sur la gueule du molosse. Le chien lâcha prise aussitôt et se réfugia un peu plus loin, à l'ombre du mur. Là, il poussait des jappements plaintifs, pendant que la fillette, le doigt levé, lui faisait un sermon. Mon pantalon était arraché au niveau du mollet, qui portait jusqu'au sang la marque des crocs. Mon sauveur m'escorta jusqu'à la route en contrebas, fit arrêter un tuk-tuk et lui donna pour consigne de me descendre au pied de la colline. Je fus déposé devant un salon de coiffure minuscule, aux murs défraîchis.

La vaccination préventive ne dispensait pas d'un traitement curatif, deux rappels de vaccin qu'il me faudrait faire à trois jours d'intervalle dans un hôpital liménien. En attendant, je devais d'abord nettoyer la plaie. Le coiffeur n'avait aucun produit antiseptique, mais il pouvait me proposer une éponge imbibée d'eau et de savon. Puisque j'étais là, est-ce que je ne voulais pas en profiter pour me faire couper les cheveux?

Il m'apporta un menu plastifié, comme on en trouve dans les snacks. Sur chaque page, le portrait-photo d'un footballeur. Je voulais la coupe de Ronaldo ? Il suffisait de garder du volume sur le dessus, de dégrader sur les côtés, puis de donner au tout un effet mouillé avec un gel coiffant. J'étais plutôt Zidane ? Il avait une tondeuse, il pouvait me faire la boule à zéro. Je préférais Neymar ? Griezmann ? Messi ? Aucun problème, il était un artiste du cheveu, un Picasso du ciseau. Mais je désirais peut-être quelque chose d'un peu plus extravagant ? Me raser sur les côtés par exemple, pour y graver, comme Pogba, mon compatriote, mes initiales en blond platine ?

Je suis plutôt conservateur en matière capillaire : je lui demandai seulement de rafraîchir un peu la coupe, la désépaissir d'un bon centimètre, *nada más.* Ce qu'il fit à contrecœur, maniant nonchalamment les ciseaux d'une main, sans enthousiasme. Quand, plus tard, à Bogotá, j'essaierais de faire rattraper le coup par un coiffeur colombien, il inviterait chaque employé du salon à venir examiner mes cheveux, comme un professeur de médecine convoque les internes quand se présente un *cas d'école.* C'est que, voyez-vous, m'expliquerait-il, hilare, des coupes ratées, on en avait déjà vu, mais des comme ça, jamais. Et quand il me demanderait qui était à blâmer pour ce carnage, vous n'allez pas me croire, dirais-je alors, vraiment vous n'allez pas me croire : tout ça, c'est à cause d'un chien.

Pucallpa

À Pucallpa, fin de la route. Elle s'étire, interminable, depuis Lima, et voilà qu'elle s'arrête d'un seul coup, comme un raseur qui vous aurait abreuvé de propos insignifiants pendant des heures et qui soudain se tait. Vingt heures de trajet ! Dans la touffeur de l'après-midi on descend du bus, un peu étourdi. Bientôt, on n'a plus que trois mots en tête : eau, air, pluie.

J'ai beau déployer devant moi l'étoffe mitée de la mémoire, c'est à peine si je revois les rues de Pucallpa. Mes souvenirs sont ceux d'une ville assoupie, alanguie par la chaleur tropicale. Si je sollicite l'oreille, j'entends à nouveau les pétarades des motos-taxis. Le nez ? C'est l'âcre odeur d'une poubelle éventrée, d'ordures se putréfiant au soleil, qui me monte aux narines. Le goût ? C'est celui d'un jus de papaye. Et le toucher, alors ? Celui d'une épaule – celle d'un vieil homme que je tirai du sommeil.

Il me fallait trouver de quoi rejoindre Iquitos, à mille cinq cents kilomètres de là. Pucallpa, c'est le début de la *selva*, la forêt amazonienne. On ne roule plus : on navigue. J'avais besoin d'une *lancha*. Devant le siège d'une compagnie de transports – un baraquement de bois qui semblait à l'abandon –, un vieillard à moitié endormi dans une chaise à bascule bavotait doucement, à l'ombre du porche. C'était l'après-midi. C'était l'heure de la sieste. Je lui tapotai l'épaule : *Disculpe, señor, una pregunta*… Il ouvrit les yeux, et d'un revers de main sécha toute sa bave. Qu'est-ce que je lui voulais ? Et d'abord, d'où je venais ?

Paris ! Son regard s'illumina. Il y avait là-dedans des bistrots, des garçons de café, un moulin rouge, des bas résille, du french cancan.

— La *joie de vivre* ! dit-il en français.

Il connaissait quelques mots : *Bonjour, merci, s'encanailler.* Il n'avait jamais mis les pieds à Paris ni même en Europe. À vrai dire, il n'avait jamais quitté l'Amazonie, sauf une fois, en autobus, pour aller passer trois jours à Lima – une horreur : le bruit, la pollution, le gris du ciel, il avait détesté. Mais Paris, ah ! Paris…

Il ne jurait que par elle, qu'il ne verrait jamais. Et alors ? Il la voyait en esprit, la *ciudad de la Luz* – c'est ainsi qu'il l'appelait, et le surnom éculé dans ma langue retrouvait dans la sienne toute sa fraîcheur. À voir son air béat, sa trogne enluminée dès lors qu'on prononçait le nom de la ville enchanteresse, on pouvait être sûr que nul ne l'avait jamais vue comme lui l'avait vue. Oubliez le dernier étage de la tour Montparnasse, le parvis du Sacré-Cœur, les Buttes-Chaumont : la plus belle vue de Paris, c'était de derrière ses paupières, à l'heure de la sieste.

Est-ce qu'il avait une idée de quand partait le prochain bateau pour Iquitos ? Aujourd'hui même, croyait-il savoir, ou peut-être demain… Est-ce qu'il pouvait me montrer le chemin du port ? Venez, dit-il, je vous accompagne. Il devait faire trente degrés. Le ciel était bleu à crever. Il noua une écharpe autour de son cou. Allons-y, dit-il. Puis : Un instant, j'ai oublié mon parapluie. Et comme je le regardais avec étonnement, il ajouta : Eh bien quoi ? À Paris, le temps est couvert.

À Pucallpa.

Pucallpa. Le port de Pucallpa. Une dizaine de bateaux bien alignés, et devant chacun d'eux des rabatteurs qui jouent des coudes pour vous convaincre de choisir leur compagnie – voilà ce que je m'étais imaginé. J'étais loin du compte. Il n'y avait pas de rabatteurs. Il n'y avait pas de bateaux. Il n'y avait plus de port. Ou plutôt si, mais plus loin : le port de Pucallpa n'est qu'une berge, avec çà et là des embarcadères qui migrent selon les saisons, en fonction du niveau de l'eau du Río Ucayali, un affluent de l'Amazone. Un seul bateau partait pour Iquitos, un cargo de trois étages, chargé de la poupe à la proue. À bord, un jeune homme fumait, torse nu sous sa chemise entrouverte. C'était sans doute un membre de l'équipage, mousse ou matelot, qui devait savoir où je pouvais trouver le capitaine.

— C'est moi, fit-il.

— Vous ?

Un capitaine, dans mon esprit, c'était vieux, coiffé d'une casquette de marin, ça portait un blazer bleu nuit sur une chemise blanche à manches courtes, des galons d'or avec boucles Nelson aux épaulettes, et surtout, ça fumait la pipe.

Est-ce qu'il restait de la place ? Mon espagnol hésitant lui fit bonne impression : je n'étais pas d'ici, je devais avoir de l'argent. Il en reste toujours, fit savoir le capitaine. Il n'avait plus de cabine à me proposer, mais je pouvais, moyennant une centaine de sols, accrocher mon hamac sur l'entrepont. On partait dans deux heures. Tant pis, dis-je, je prendrai le prochain. Le prochain, m'avertit le capitaine, partait dans trois semaines. Je courus à travers la ville, et, une heure plus tard, j'étais de retour avec dix litres d'eau, un hamac et des cordes. J'accrochai le hamac à des barres en métal, je m'allongeai dedans et je fermai les yeux.

Quand je les rouvris, il devait être minuit passé. Deux cent cinquante personnes, pour moitié des enfants, dormaient là, agglutinées sur l'entrepont. L'eau du *río* léchait

À Pucallpa, sur le cargo.

le ventre du cargo toujours à quai ; le capitaine, imperturbable, fumait des cigarettes de contrebande ; des cendres rougeoyantes tombaient à ses pieds. Est-ce qu'il y avait un problème ? Aucun, éluda le capitaine. Quand allions-nous partir ? *Mañana por la mañana* – « demain matin ». Je retrouvai mon hamac. À midi, le bateau était à quai et le départ de nouveau ajourné. Le pont, l'entrepont étaient pleins – pas la cale. On continuait de charger le cargo jusqu'à la gueule : bouteilles d'eau, bonbonnes de gaz, jus de fruits, régimes de bananes encore vertes (des centaines, des milliers de bananes dont aucune n'était mûre), en plus de toute une ménagerie – singes, poules, coqs, perroquets (même une truie, immense et rose).

Belle journée, observa le capitaine. Dites, vous me rendriez un service ? Dites toujours, dis-je. Voilà, je ne peux pas quitter le navire, mais nous ne pouvons pas quitter ce port sans avoir demandé à Dieu de bénir notre voyage. Vous iriez, pour moi – pour nous –, brûler un cierge à la cathédrale ?

La cathédrale de Pucallpa est sans conteste l'édifice religieux le plus laid d'Amazonie, indubitablement le plus laid du Pérou, sûrement le plus laid d'Amérique latine, peut-être même le plus laid sur quoi mes yeux se soient jamais posés (et ils se sont posés, à Amiens, sur l'église Saint-Honoré qui ne vaut pas beaucoup mieux). Si vous ne me croyez pas, tapez *Catedral de Pucallpa* sur Google, vous verrez : elle ressemble à un fer à vapeur électrique (ou à une vulve dilatée). J'allumai un cierge, puis je retournai sur le bateau. Le lendemain, rien. Nous étions toujours à quai. *Mañana por la mañana*, me promit le capitaine. Cela fait trois jours, trois putains de jours, m'emportai-je, que ce bateau doit partir demain matin. Il mit sa main sur mon épaule et, avec une solennité qui ne souffrait aucune discussion, il répéta : *Mañana por la mañana.*

Vers six heures le lendemain, bruit de moteur. La jungle, enfin. La *selva*. La *selva amazónica.*

Le voyage est une boîte de Pandore : ouvrez-la, en sortiront l'allégresse, l'étonnement, l'émerveillement, la volupté, la joie (et un certain nombre d'emmerdes). Mais elle se refermera sur l'ennui. On ne s'ennuie jamais en voyage. On est sans cesse aux prises avec ces « mille corvées qui rongent les jours en pure perte » : on passe le plus clair de son temps à défaire son sac, à le refaire, à vérifier qu'on a bien sur soi son passeport, son argent, à laver le peu de vêtements que l'on a, à regretter la trousse à pharmacie que l'on n'a pas, à se perdre, à demander son chemin, à chercher un endroit où dormir, et, si l'on est à bord d'un cargo, à faire la queue : la queue avec sa gamelle et ses couverts, en attendant qu'on vous serve la soupe de poulet, la ration de riz, la banane, invariable pitance que la faim vous apprend à aimer ; la queue devant les toilettes, avec son rouleau de papier à la main ; la queue devant les douches, avec sa serviette et un morceau de savon, en attendant de se laver à l'eau du Río Ucayali – celui-là même où sont évacuées les toilettes, où sont jetées par-dessus bord et sans tri sélectif poubelles, canettes de bière, couches des bébés, en sorte qu'au début, pour se débarbouiller le visage et se brosser les dents, on puise dans son stock d'eau minérale, à la stupéfaction de ses compagnons de voyage qu'amusent ces coquetteries de nymphette.

De temps en temps le cargo fait escale. On ne peut pas en descendre, mais les villageois peuvent y monter. Certains vous vendent du poisson frit, des pastèques, de la *yuca*, c'est-à-dire du manioc, et des *juanes*, un mélange de poulet, d'olives et de riz, enroulé dans une feuille de bananier. Parfois, un villageois reste là, s'installe : il finira le voyage avec vous. Et comme il n'y a pas un demi-mètre carré où tendre son hamac, c'est au-dessus du vôtre qu'il l'accroche. Les cordes s'entremêlent, les coudes, les genoux s'entrechoquent, on ne dit rien, la promiscuité, l'inconfort, les désagréments du voyage, il y a déjà longtemps qu'on en a pris son parti. La nuit tombe, on se tourne et se retourne dans son hamac, on finit par s'assoupir, de petits doigts velus nous caressent le visage, c'en est trop : on ouvre les yeux, on grimace et l'on crie ; on apprend qu'en espagnol, *cucaracha* veut dire : cafard.

Tout le monde ne dort pas. Certains jouent aux cartes ou écoutent de la musique et se soûlent à la bière jusqu'à une heure avancée de la nuit. Et puis la nuit se retire ; le coq, dans la cale, se met à chanter. L'aube est mauve ; elle semble s'être délayée dans la rivière ; le reste du temps, elle reprend son habituelle couleur de tisane. La cheminée crache une épaisse fumée grise, le bateau va son train. À bord, tout est calme. Les enfants dorment encore, les soûlards dorment enfin. Accoudé au bastingage, vous contemplez l'horizon quand soudain ce prodige : là, devant vous, jaillissent hors de l'eau des dauphins gris et rose. Ainsi s'écoulent, pénibles et magnifiques, les jours sur le Río Ucayali. Et puis le cargo tombe en panne.

Nous avions jeté l'ancre tout près d'un village dont je n'ai jamais su le nom – en avait-il seulement un ? Il n'y avait là que cinq ou six maisons élevées sur pilotis : à la saison des pluies, quand le *río* montait de six mètres, on ne pouvait y accéder qu'en pirogue. Nous étions encore à deux ou trois jours de navigation d'Iquitos, et il en faudrait trois de plus pour réparer le moteur. Nous avions le choix entre rester à bord du cargo ou faire un tour au village. J'y rencontrai Raúl.

Raúl parlait un anglais parfait, sans accent, comme s'il avait grandi dans les Midlands, étudié les lettres à Cambridge et fait ses classes à Sandhurst. Il me jurait l'avoir appris ici, dans ce coin perdu de la forêt amazonienne, auprès d'un ethnologue que je me figurais sous les traits du jeune Claude Lévi-Strauss, avec une barbe noire et des lunettes. Il avait trente ans, peut-être un peu moins, il n'était pas sûr, ses parents étaient morts et il n'y avait pas de registre d'état civil pour le renseigner là-dessus. Il affirmait n'être jamais sorti de la jungle, pas même pour aller à Iquitos ou à Pucallpa (là-bas, croyait-il savoir, on mangeait *avec des couverts*). Il habitait une petite maison palafitte – murs en bois, toit en feuilles de palmier – qu'il avait bâtie de ses mains et dont il était le seul occupant, avec trois perroquets encagés qui répétaient, en boucle, les quelques mots qu'il avait réussi à leur enseigner au prix d'incommensurables efforts. Il me proposa d'y passer la nuit ; j'acceptai de bon cœur : aujourd'hui que la moindre gargote au fin fond de la Pampa est recensée sur TripAdvisor, avec notes, commentaires et photos à l'appui, il y avait une certaine volupté à dormir là où personne d'autre n'avait dormi. Deux clous, un marteau. Voilà ton lit, fit Raúl, et entre deux pans de mur il tendit un hamac.

Une lampe à pétrole éclairait à peine la pièce. Dans un coin, empilés, cinq ou six livres en anglais, dont *The*

Steppe – a novella by Anton Checkhov. Je lus pendant une heure sous la moustiquaire, puis finis par m'endormir dans la moiteur de la jungle amazonienne, en rêvant de calèches et d'isbas, de vastes plaines s'étirant jusqu'à l'horizon violacé, de blés moissonnés, d'herbes folles et de faux qui scintillent.

Au réveil, Raúl était penché par-dessus mon hamac, une machette à la main. Je me redressai d'un seul coup. Me vinrent aussitôt à l'esprit les préjugés ancestraux attachés aux *sauvages* de la *selva*: on allait me dépecer, m'ébouillanter et se repaître de ma chair. Je ne pensais à rien. Je n'attendais plus rien. J'espérais seulement que ma viande serait tendre et bien assaisonnée.

— Enfonçons-nous dans la jungle, dit Raúl.

La machette, c'était pour se frayer un chemin.

Nous montâmes à bord d'une barque. Kiko, dix ans, nous accompagnait. C'est lui qui ramait. Il portait des bottes, un tee-shirt à manches longues et un lance-pierre artisanal à la ceinture. Pour viser les caïmans. Parce qu'il y a des caïmans? je demandai. Et des piranhas, ajouta Raúl. On ne se baigne jamais deux fois dans le même fleuve, prétendait Héraclite, et en Amazonie les caïmans y veillent en effet: dès la première baignade, ils s'assurent qu'il n'y en aura pas de seconde. Je relevai aussitôt la main que j'avais laissée négligemment traîner dans l'eau. Rien à craindre, dit Raúl, les caïmans ont peur de l'homme, et les piranhas ne tuent pas. Et pour illustrer ses paroles, il poussa notre rameur à l'eau. Le gamin jura, fit quelques brasses, reprit sa place dans la pirogue en s'ébrouant sur Raúl qui continuait: On trouve de tout dans la jungle, singes, faucons, piverts, grenouilles, serpents, tarentules, scorpions, iguanes… Mais le pire, dit-il, ce sont les moustiques : la moindre parcelle de peau à découvert et ils te pompent le sang. Voilà pourquoi tout le monde ici portait des bottes et des tee-shirts à manches longues. (À Iquitos, un Américain de retour d'une semaine dans la jungle exhiberait fièrement ses piqûres de moustique, comme l'alpiniste ayant vaincu l'Annapurna ses doigts de pied amputés.) Enfin, s'adoucit Raúl, s'ils sont là, c'est qu'ils jouent un rôle dans l'écosystème. *Tout* a un rôle dans l'écosystème, dit Raúl : les mygales, les moustiques et même l'agouti. Tu vois l'arbre là-bas ? C'est un noyer. Les oiseaux s'y perchent pour chanter. Les fruits du noyer pèsent trois kilos et contiennent vingt-quatre noix dont la coquille est si rigide qu'aucun animal n'arrive à l'ouvrir – à part l'agouti. L'agouti ressemble à un rat, en plus gros. Sa mâchoire est si puissante qu'elle agit comme un casse-noix. Or il ne mange qu'une partie des graines et enterre le reste, en prévision de jours moins fastes. Et comme l'agouti n'est pas l'animal le plus futé du monde, souvent il oublie ses cachettes, les graines germent, et le noyer se reproduit. Sans agoutis, conclut Raúl, pas de noyers, sans noyers pas de branches, sans branches pas d'oiseaux, sans oiseaux pas de chants et sans chants, mon âme est triste.

Comment décrire le *canto* de la *selva* ? Rien à voir avec les gazouillis pusillanimes de nos mélodistes sans souffle. Ici, c'est un opéra permanent, une variété infinie de sons discordants, pareils au moment précédant le concert d'un orchestre symphonique, quand les musiciens dans la fosse accordent trompettes et trombone, timbales et tuba, clarinettes et contrebasse, harpe et hautbois, piccolos, flûtes et piano, violoncelles et violons, tous en même temps, chacun dans leur coin. Cette cacophonie ailée pourrait être déplaisante à l'oreille : elle la réjouit. C'est par l'oreille que se saisit la jungle : on ne voit pas les oiseaux, ou si peu, mais c'est peu dire qu'on les entend, à commencer par le piauhau hurleur, dit *paypayo*, sentinelle de la *selva* dont le chant trisyllabique est l'hymne de la forêt amazonienne. Quand Raúl n'était pas dehors à chasser ou pêcher, c'est qu'il rêvassait dans son hamac, sous la moustiquaire, bercé par le chant du paypayo. Le reste du temps, il enseignait à Kiko des rudiments d'arithmétique et d'anglais, mais surtout un dialecte, celui de ses ancêtres, qui n'était plus connu que d'un oncle grabataire, d'une tante cacochyme et de lui. Si Kiko ne prenait pas la relève, le dialecte mourrait ; il n'en resterait alors qu'une demi-douzaine de mots, babillés par trois perroquets relâchés au-dessus du Río Ucayali.

Iquitos

Le moteur réparé, mes réserves d'eau épuisées, j'avais fait mes adieux à Raúl et Kiko, rempli ma gourde à l'eau de la rivière, et nous étions repartis. Un peu avant Iquitos, le Marañón et l'Ucayali se rejoignent pour former le fleuve Amazone – il en faut plus pour impressionner Guevara : « Il ne s'agit que de deux masses d'eau boueuse qui s'unissent pour ne plus en former qu'une seule, un peu plus large peut-être, un peu plus profonde aussi, et c'est tout. » Une vingtaine d'heures plus tard, nous étions arrivés à Iquitos, cinquième ville du Pérou. Population : quatre cent cinquante mille habitants.

Température : vingt-huit degrés. Humidité : oppressante. Particularité : plus grande ville du monde à n'être reliée par aucune route. Depuis combien de temps avions-nous quitté Pucallpa ? Huit jours ? Dix jours ? J'avais perdu le compte : les bananes en fond de cale étaient jaunes.

Mira, mira, un gringo…

Des étymologies possibles au mot *gringo* que les linguistes avancent, celle qui a ma faveur le fait remonter à la guerre américano-mexicaine de 1846-1848 – que les Américains appellent *the Mexican War* et les Mexicains *la intervención norteamericana.* C'est l'époque où les États-Unis croient en leur *destinée manifeste*: le Congrès a voté l'annexion du Texas, des escarmouches ont eu lieu ici et là, quelques soldats se sont fait tuer de part et d'autre, *casus belli* qu'ont saisi les Américains pour envoyer leurs troupes envahir le Mexique. Et quand ils voient débarquer ces soldats *vêtus de vert,* les Mexicains les accueillent avec de vieux mousquets britanniques et ce mot d'ordre : *Green, go !* – « Les Verts, tirez-vous ! ». Les Verts se tirent ; reste le mot d'ordre, qui par un glissement sémantique devient *gringo* et désigne d'abord n'importe quel Américain des États-Unis d'Amérique, puis, à mesure qu'il est popularisé du Mexique à la Patagonie, voit son champ d'application s'étendre à tout étranger blanc de peau qui n'a pas l'espagnol pour langue maternelle. Exemple : moi.

L'épithète m'était depuis longtemps familière : il m'arrivait d'y avoir droit quand je m'aventurais dans les lieux où ne vont pas les touristes – et ils ne vont pas dans les bidonvilles d'Iquitos. Dans le district de Belén, chacun fait comme il peut pour conjurer la crue de l'Itaya : les baraques – les murs sont des planches, les toits, en tôle ou en feuilles de palmier – flottent sur des radeaux de fortune ou sont élevées sur pilotis. Cinquante, soixante, soixante-dix mille habitants, comment savoir, s'y entassent sans électricité ni eau courante, et la rivière leur sert tout à la fois de latrines et d'égouts, de baignoire et de garde-manger : on y pisse, on y chie, on y jette ses ordures, on s'y lave, on y pêche. Les poissons frayent dans une eau jonchée de merdes en plastique, amoncellement d'immondices dans lequel j'ai vu plonger un père de famille pour attraper un brochet à mains nues : ce soir au moins les enfants mangeraient à leur faim.

Dans les bidonvilles d'Iquitos.

Quittons les bidonvilles. Remontons vers le marché de Belén, où des vautours se disputent les carcasses de poissons : on y trouve des goyaves et des bananes, des melons, des cuisses de caïman, des larves vivantes, riches en vitamines A, à manger crues : un coup de dent suffit à les décapiter, et ça frétille encore dans la bouche. Ici, on peut aussi adopter un singe, s'approvisionner en œufs de tortue ou goûter de l'*ayahuasca* – décoction hallucinogène à base de lianes et de feuilles infusées, consommée depuis cinq mille ans par les tribus de la *selva*, et depuis cinquante ans par les tenants d'un tourisme *new age*, dégénérescence abâtardie d'un chamanisme plurimillénaire.

Ni Guevara ni Granado n'en font mention dans leurs Journaux respectifs. Je les ai quittés à Lima, « une jolie ville qui a déjà enterré son passé colonial derrière des maisons neuves ». Ils y passent dix-sept jours, visitent le musée archéologique (« magnifique »), assistent à une corrida (« au troisième taureau, l'animal encorna le torero de façon spectaculaire, et le projeta dans les airs »), et profitent surtout de l'hospitalité d'un médecin. À Pucallpa, ils embarquent à bord de *La Cenepa*, qui longe le cours sinueux du Río Ucayali. Les moustiques les empêchent de dormir, ils parviennent quand même à voler de « petits bouts de sieste dans des hamacs d'emprunt », Ernesto songe à Chichina, Alberto à une jeune demoiselle qui est à bord, « ravissante et qui se sait ravissante » : c'est une brunette au charme sombre, elle a de jolies pommettes et des battements de cils. Alberto nous fait savoir à demi-mot qu'Ernesto et lui couchent tour à tour avec elle. Les jours se succèdent, monotones et rêveurs, on lit, on joue aux cartes, on arrive à Iquitos dont Ernesto ne dit presque rien : son asthme empire, il reste allongé, se met à la diète, s'injecte des doses d'adrénaline, se plaint encore des moustiques, écrit une lettre à son père : « J'ai réellement l'esprit d'un globe-trotter et il ne faudra pas s'étonner si, après ce voyage, je pars faire un tour en Inde ou en Europe. » Et puis c'est la léproserie de San Pablo, où cohabitent six cents malades, en plus des sœurs et des médecins. Ils y passent une dizaine de nuits, et, le 14 juin 1952, Ernesto y fête son vingt-quatrième anniversaire. Le 21 au matin ils font leurs adieux aux lépreux, et s'en vont sur le *Mambo-Tango*, un radeau qu'ils ont bâti de leurs mains. Une journée de navigation et les voici en Colombie.

COLOMBIE

Bogotá

De Leticia je n'ai gardé qu'un souvenir, un seul, celui de l'auberge – des toilettes de l'auberge, un trône en faïence à côté duquel je passai la nuit dans une génuflexion humiliante, à dégorger l'Amazonie tout entière (remplir sa gourde à l'eau du Río Ucayali : mauvaise idée). Le lendemain, en début de soirée, j'étais à Bogotá. Si je cherche un mot pour décrire mon état en arrivant dans la capitale colombienne, *raplapla* est le premier qui me vient à l'esprit. Pour la première fois depuis le début du voyage, j'avais réservé une chambre dont j'allais être le seul occupant. Quitte à me vautrer dans le luxe, autant prendre un taxi. Après quelques minutes, le chauffeur s'arrêta pour faire monter un autre homme. Nous étions tous les trois dans la voiture, eux devant, moi derrière. Voilà plusieurs mois que je sillonnais l'Amérique du Sud, je ne parlais toujours pas bien l'espagnol, mais le comprenais de mieux en mieux : comme la poitrine d'un général se garnit de décorations au gré des batailles, mon vocabulaire s'étoffait de ville en ville, et j'étais à l'affût de la moindre occasion pour le parfaire. Mais le trajet depuis l'aéroport se fit dans un silence absolu. Nous roulions depuis une vingtaine de minutes, et nous étions maintenant sur le point d'arriver dans le quartier de la Candelaria, où se trouvait mon hôtel, quand les deux hommes décidèrent de lier conversation :

— Tiens, dit l'un, j'étais le week-end dernier à Cali où j'ai vu ton ami.

— Ah oui, demanda l'autre, lequel ?

— Le chauve.

— Pedro ?

— Un peu gros.

— Oui, Pedro.

— Avec des lunettes.

— Aucun doute, il s'agit de Pedro.

— Et une cicatrice sur la joue.

— Pedro.

— Ah, je croyais pourtant qu'il s'agissait de Pablo.

— Non, Pedro.

— Avec une jambe en moins.

— Ça ne peut être que Pedro.

— Un chauve, un peu gros, avec des lunettes, une cicatrice sur la joue et une jambe en moins ?

— Pedro.

— Et une moustache.

— Une moustache ? Alors c'est Pablo.

À Leticia, Ernesto cesse de tenir son carnet qu'il ne reprend qu'un mois plus tard, à Caracas. Mais on a de lui une lettre à sa « chère vieille maman », envoyée de Bogotá le 6 juillet 1952. Il commence par lui raconter la léproserie de San Pablo, il lui dit que le 14 juin, pour son anniversaire, on y a organisé une fête en son honneur, « bien arrosée au pisco, une sorte de gin qui monte joliment à la tête ». Il lui dit aussi la sérénade d'adieu que leur ont donnée les malades : il lui parle du chanteur aveugle, de l'accordéoniste à qui manquaient les doigts de la main droite, et qui les avait remplacés par des petits bouts de bois qu'il s'était attachés au poignet. Et puis il lui raconte Leticia, le football, l'avion qu'il a fallu attendre, le voyage enfin jusqu'en Colombie dont il ne dit pas grand-chose, sinon que parmi tous les pays qu'ils ont traversés, c'est celui où les libertés individuelles sont les moins respectées : « La police patrouille dans les rues fusil à l'épaule et réclame sans arrêt ton passeport (il n'est d'ailleurs pas rare que les agents le lisent à l'envers !). » Il conclut : « Il règne un climat de tension qui laisse présager un soulèvement prochain. Si les Colombiens peuvent le supporter, ça les regarde. Nous, nous filons dès que possible. »

Alberto, lui, tient rigoureusement son Journal. On y apprend qu'à leur arrivée à Bogotá la police leur confisque un couteau ; qu'ils assistent, le 6 juillet, à une rencontre entre le Real Madrid et le Millonarios d'Alfredo Di Stéfano, peut-être le meilleur joueur du monde à l'époque ; qu'ils passent la matinée du 8 avec lui ; qu'ils récupèrent leur couteau le 9 et que le 11 ils sont déjà repartis : « Bogotá était derrière nous, et avec elle ses rues infestées de policiers, ses spécialistes hypocrites et cupides, ses étudiants qui, bien que généreux et lucides pour la plupart, vivent la peur chevillée au corps. »

Cette peur a un nom, elle s'appelle *La Violencia*, et ce n'est rien de moins qu'une guerre civile qui dure depuis quatre ans, va faire trois cent mille morts et que fuient les deux G, sans même prendre le temps de passer par Carthagène, Cali ou Medellín, ces villes que vantent les guides touristiques et que j'aurais bien, moi, visitées (il n'y a pas de regret plus lancinant que celui des lieux où l'on n'a pas été).

Cela faisait maintenant près de cinq mois que je me douchais à l'eau froide, ou tiède, pas toujours incolore, pas toujours inodore, en vitesse et en tongs. Oui, j'ai visité le musée de l'Or et la fondation Botero, bien sûr, j'ai arpenté les allées du parc Simón-Bolívar, évidemment, j'ai grimpé le Cerro de Monserrate. Ce qui était *à voir*, je l'ai vu ; ce qui était *à faire*, je l'ai fait. Mais, à Bogotá, puisque ma chambre était pourvue d'une baignoire, j'ai surtout pris des bains. Voilà pourquoi j'étirais mon séjour. Et puis rien ne pressait : je devais me rendre ensuite à Cúcuta, où il était formellement déconseillé de mettre les pieds.

Cúcuta

La première fois que j'avais lu le nom de Cúcuta, c'était dans le Journal de Granado ; la deuxième fois, c'était dans celui de Guevara ; la troisième fois, dans le classement des cinquante villes les plus dangereuses au monde.

Certains classements se font selon des critères purement subjectifs, relevant d'une appréciation personnelle. Si je dis que le plus bel endroit du monde est Venise, et même, pour être plus précis, les Zattere à Venise, on pourra toujours me contredire, mais pas me prouver que j'ai tort. Mais d'autres classements répondent à des critères objectifs et difficilement contestables. Si vous tapiez « Cúcuta » sur Google, vous tombiez sur la *« list of cities by murder rate »*, un classement qui recensait les cinquante villes au monde où le taux d'homicide était le plus important : Cúcuta était bien classée, assez loin de l'indétrônable numéro un Caracas, mais enfin ce n'était pas non plus Monaco.

La faune était celle, tristement ordinaire, des grandes villes colombiennes : une majorité de gens comme il faut qui travaillaient six jours sur sept et le septième allaient à la messe, bref, qui menaient une vie sans histoire égayée de plaisirs minuscules, et une minorité interlope pas assez minoritaire et trop interlope pour que la majorité pût la considérer comme quantité négligeable : voyous sans envergure et gros bonnets de la drogue, paramilitaires et mercenaires sans merci, le tout encadré par des flics corrompus comme de petits potentats africains, à quoi il fallait ajouter, pour que la ville fît partie du classement, un nombre croissant de prostituées vénézuéliennes qui traversaient la frontière afin d'offrir leurs services à prix cassés, et dont il n'était pas rare de retrouver le corps supplicié entre deux poubelles au fond d'une impasse – le dumping qu'elles pratiquaient n'étant ni du goût des putes locales délaissées par leurs clients, ni du goût de leurs maquereaux qui régulaient l'offre au niveau de la demande en rétablissant, à coups de batte, la concurrence pure et parfaite si chère à l'économie de marché.

Dans le Journal de Granado, on voit comme la misère change de champ. À Cúcuta, dans la nuit du 12 juillet 1952, pendant qu'Ernesto dort comme un plomb, Alberto accompagné d'un Nicaraguayen se rend au bordel : « Nous sommes arrivés dans un secteur de pensions minables où des centaines de malheureuses attendent leur visa d'entrée au Venezuela. Elles pensent toutes pouvoir devenir riches en faisant commerce de leurs charmes et rêvent de gagner suffisamment d'argent pour quitter ce terrible métier. »

Depuis quelques années, le site Internet du ministère des Affaires étrangères prodigue des « conseils aux voyageurs ». On peut y voir une carte du monde divisé en « zones de vigilance » qui vont du vert au rouge en passant par le jaune et l'orange – en rouge : celles où il est « formellement déconseillé » de se rendre. Je n'avais jamais traversé que des zones où la vigilance requise allait de « normale » à « renforcée », en plus de quelques très rares zones orange. Et puis j'étais arrivé à Cúcuta, « zone de trafics, précisait le site du ministère des Affaires étrangères, où les bandes criminelles sont actives et où les groupes armés illégaux sont repliés » – phrase que l'office de tourisme de Cúcuta s'était bien gardé de reprendre dans la brochure que j'avais trouvée en arrivant à l'hôtel, laquelle vantait les mérites de la ville, peu nombreux et de peu d'intérêt mais qu'importe, je n'étais pas là pour jouer les touristes, non, si j'étais à Cúcuta, c'était précisément pour quitter Cúcuta et passer de l'autre côté, dans une zone très rouge et très formellement déconseillée : le Venezuela.

Un peu après midi, je pris un taxi et me fis déposer devant la douane, bien décidé à franchir la frontière.

Elle se franchissait à pied, par le pont Simón-Bolívar qui enjambe le Río Táchira. Là, des milliers de gens attendaient de passer d'un côté ou de l'autre. Certains traînaient avec eux des valises : ceux-là avaient des dollars tout froissés dans leurs chaussures, dans leur regard la mélancolie de l'exil et la pâleur, sur leur visage, d'une fleur déracinée. Venus de Caracas, de Valencia, de Maracaibo, de Maturín, d'El Tigre, ils étaient seuls ou en famille, ils avaient embrassé leurs parents, leurs amis, entre deux valises et deux sanglots ils avaient dit *me voy*, et voilà, ils s'en allaient, ils fuyaient le Venezuela via la Colombie où quelques-uns resteraient quand les autres iraient plus loin, en Équateur ou au Pérou, au Chili, en Argentine ou au Brésil, peut-être même en Europe. Et puis il y avait ceux qui poussaient des chariots, portaient des sacs ou des paniers : ceux-là étaient venus s'approvisionner dans les supermarchés ou les pharmacies de Cúcuta, et maintenant ils rentraient chez eux, de l'autre côté de la frontière.

C'est dans cette file que j'étais. Je faisais la queue derrière Carlos, un Vénézuélien de vingt ans, passé quelques heures plus tôt en Colombie pour se ravitailler en capotes – « des biens de première nécessité, *amigo* ». On n'en trouvait plus au Venezuela, comme on ne trouvait plus de quoi se soigner, ni de quoi se nourrir, mais même le ventre vide, hein, me dit Carlos, on a toujours envie… Carlos et ses amis avaient tiré à la courte paille :

Carlos avait perdu, passé la frontière dans un sens, le sac à dos vide et les poches pleines de billets, et il la repassait maintenant dans l'autre sens, les poches vides et le sac à dos rempli de capotes colombiennes – « trois mois de munitions ». Ce soir, il serait chez lui, à San Cristóbal, pas très loin de la frontière.

— À une quarantaine de kilomètres d'ici, précisa Carlos. Une ou deux heures de route.

— Ah, dis-je, ça dépend des bouchons ?

— Non, *amigo*, ça dépend du temps que passent les flics à fouiller ta voiture.

La file avançait lentement. Parfois, elle se figeait pendant de longues minutes, avant de se remettre en mouvement vers le poste de contrôle sur la façade duquel on pouvait voir une banderole avec, en lettres blanches sur fond rouge, une mise en garde à l'attention de tous ceux qui passaient la frontière : « *En esta aduana NO se habla mal de Chávez* » – qu'il ne me fut pas difficile de traduire par : « Ici, vous entrez en dictature. » Je la pris en photo.

— Ton téléphone, dit Carlos.

— Quoi ? dis-je. Quoi, mon téléphone ?

— Si tu ne veux pas lui dire adieu, cache-le.

J'objectai qu'il n'y avait pas de risque : qui irait me voler mon téléphone avec tous les flics qui étaient là ?

— Les flics, sourit Carlos.

Je le rangeai dans la poche de mon jean.

— *Amigo*, insista Carlos, je t'ai dit de le cacher, pas de le mettre dans le premier endroit qu'ils vont fouiller tout à l'heure !

— Mais s'ils le trouvent, dis-je, ils ne peuvent quand même pas me le confisquer…

La douane, à San Antonio del Táchira (Venezuela).

— Tu as la facture d'achat du téléphone avec toi ? Non ? Eh bien ils considéreront que c'est une *importation illégale.* Et les importations illégales, crois-moi, *confiscado.*

Je le mis dans la poche de mon sac à dos.

— Ça, c'est le deuxième endroit qu'ils vont fouiller.

— Enfin, dis-je, qu'est-ce que tu veux que j'en fasse ?

Carlos saisit ma main, et me fit toucher son entre-jambe. C'était grand et dur.

— Samsung Galaxy, précisa-t-il en me faisant un clin d'œil.

Et puis il ajouta :

— De vrais machos, ces flics. Crois-moi, ton caleçon, c'est le seul endroit où ils n'iront pas foutre leurs pattes.

La file avançait. Il n'y avait plus qu'une dizaine de personnes devant nous. Un douanier me pointa du doigt.

— Merde, dit Carlos, c'est toi qu'il appelle. Tu ne parles pas espagnol.

— Si, dis-je, *un poquito.*

Mais Carlos insista :

— Non, dit-il, tu ne parles pas espagnol.

Je suivis le douanier, à qui, avec un air benoît, je tendis mon passeport.

« Après les questions inutiles d'usage, la trituration et le malaxage du passeport, accompagnés de regards inquisiteurs dus à la méfiance standard de la police, l'officier de service nous a mis un énorme cachet avec la date de sortie, 14 juillet, et nous avons traversé à pied le pont qui unit et sépare les deux nations. Un soldat vénézuélien, avec la même insolence déplaisante que ses collègues colombiens – trait commun, semble-t-il, à toute l'engeance militaire –, a fouillé nos bagages et a cru bon de nous soumettre, de sa propre initiative, à un interrogatoire, comme pour nous prouver que nous étions en train de parler à une *autorité.* » Voilà ce qu'écrit Ernesto Guevara en 1952. Il y a des choses immuables, c'est rassurant. Le douanier me pria de le suivre dans une petite pièce annexe au décor minimaliste : table en formica, chaises en plastique, posters de Chávez et de Maduro souriants punaisés au mur (une punaise de couleur noire faisait à Maduro un sourire édenté). Le douanier me posa tout un tas de questions, mais, fort des conseils de Carlos, je pris ma plus belle expression de benêt, et fis celui qui ne parlait pas un mot d'espagnol – je fis celui qui ne savait même pas dire « je ne parle pas espagnol » en espagnol : *Me no speak español*, dis-je en surjouant le mauvais anglais. Puis mon sac fut inspecté, méticuleusement : une demi-douzaine de tee-shirts, une chemise en lin, deux pantalons, deux bermudas, une paire de tongs, un sac de couchage, une serviette en microfibre à séchage rapide qui ne séchait jamais, une trousse de toilette, deux crayons à papier, un taille-crayon, un carnet presque vierge, deux récits de voyage et, tout au fond, un chargeur de téléphone.

Quel con. Le chargeur. Comment avais-je pu oublier le chargeur ? Je me sentais comme ce Péruvien dont j'avais lu la mésaventure dans *La República*, qui s'était débarrassé du revolver après avoir tué l'amant de sa femme, mais qu'on avait confondu grâce aux douilles que, pour effacer les traces de son crime, il avait pris soin de ramasser… avant de les oublier dans la poche de son jean.

Le douanier sourit, triomphant, puis il leva les bras au ciel avant d'esquisser un entrechat. Je crus qu'il allait monter sur la chaise et, la main sur le cœur, entonner des chants patriotiques.

— *¿ Dónde está el celular ?*

— *No idea*, dis-je. *I must have lost it.*

Le douanier fouilla mes poches, *nada*. Alors il entreprit de me palper consciencieusement, des épaules aux chevilles, en tirant la langue, comme si la tâche requérait un effort surhumain – il le voulait, ce téléphone, il le voulait *vraiment* –, pendant que moi, imperturbable, je me répétais inlassablement, en fermant les yeux, pas la bite, pas la bite, pas la bite.

Dans un film, mon téléphone aurait commencé à vibrer, *mira*, se serait félicité le douanier, sur quoi il aurait rameuté ses collègues, des types un peu bourrus dans son genre, et ils auraient ri de ma déconfiture en pointant du doigt mon entrejambe. Mais nous n'étions pas au cinéma : *Mierda*, dit le douanier dépité, et je le vis, d'une main sûre et vengeresse, frapper mon passeport du cachet vénézuélien par-dessus le cachet du Machu Picchu dont j'étais si fier.

Je passai sous la banderole.

J'étais au Venezuela.

VENEZUELA

Caracas (six mois plus tôt)

J'étais déjà venu au Venezuela. À l'automne 2016, une petite délégation d'écrivains, parmi lesquels Pierre Ducrozet, Miguel Bonnefoy et moi, y avait été invitée par l'Institut français. Une voiture blindée nous avait convoyés de l'aéroport à l'Altamira Suites, un hôtel de luxe au dernier étage duquel nous pouvions profiter d'une terrasse avec vue panoramique. Nous étions là pour une semaine ponctuée de rencontres littéraires ; la première devait se tenir, en français, au Lycée français de Caracas, la dernière, en espagnol, à la *Feria internacional del libro* de Valencia. Miguel était franco-vénézuélien, il avait passé une partie de sa jeunesse à Caracas, Pierre vivait depuis des années à Barcelone, l'un et l'autre parlaient parfaitement espagnol, ils n'avaient pas besoin d'un interprète, mais moi, si : ce fut Claudia, une grande fille un peu grassouillette, avec un sourire perpétuel, énigmatique, monalisien : *una gordita feliz* – « une enrobée heureuse », c'est comme ça, m'apprit Miguel, que nous les appelons au Venezuela.

La *Feria internacional del libro* de Valencia était organisée par l'opposition au gouvernement de Nicolás Maduro, successeur d'Hugo Chávez à la tête de la révolution bolivarienne. La rencontre – une table ronde où nous devions parler de nos « influences littéraires » – avait lieu sous un grand chapiteau bondé. Nous étions, Pierre, Miguel et moi, sur une estrade, derrière une table, devant des micros, et juste à côté de moi se trouvait mon interprète. Les noms de Gabriel García Márquez, de Louis-Ferdinand Céline, d'Henry Miller, de Jack Kerouac, de Blaise Cendrars furent prononcés, et quand vint mon tour d'évoquer mes influences littéraires, je songeai à m'attirer les bonnes grâces de l'auditoire en commençant par quelques mots d'espagnol. J'en connaissais peu, mais quelques-uns étaient transparents : « Vive la révolution littéraire » semblait tout à fait dans mes cordes. *¡Viva la revolución,* dis-je, mais cette *captatio benevolentiæ* n'eut pas l'effet escompté : je n'avais pas eu le temps de finir ma phrase, pas eu le temps d'ajouter *literaria !* que sous le chapiteau s'élevait une bronca immense. C'était une provocation ! Une caution apportée au régime bolivarien ! Si nous étions là pour chanter les louanges d'un gouvernement responsable de tous les malheurs du Venezuela, nous pouvions tout aussi bien rentrer chez nous ! Certains quittèrent la salle, ceux qui restèrent le firent dans la seule intention de nous huer, et nous fûmes escortés sous les sifflets jusqu'à notre voiture, direction l'ambassade de France où nous étions attendus.

L'ambassadeur avait reçu ses lettres de créance trois ans plus tôt, il lui restait encore un an ici, après quoi il rentrerait à Paris, pas mécontent de quitter ce pays qu'il trouvait épuisant : un peu plus de quatre mille Français vivaient encore au Venezuela, principalement à Caracas, et pas une semaine ne passait sans que l'un d'eux ne fût détroussé ou enlevé ou même, c'était arrivé deux fois ces derniers mois, assassiné. Le danger principal, c'était le *paseo millonario* – la « promenade millionnaire », kidnapping express qui consistait à vous emmener faire un petit tour des distributeurs de la ville, où l'on vous invitait à retirer un maximum de pognon avant de vous libérer, avec une petite tape de remerciement dans le dos. Mais ce que les habitants de Caracas redoutaient par-dessus tout, c'était l'enlèvement contre rançon : on vous braquait, on vous faisait monter à l'arrière d'un fourgon sans fenêtre, on vous prenait en photo le canon d'un revolver contre la tempe, photo qu'on envoyait à votre famille, famille que l'on priait de réunir, sous quarante-huit heures, dix mille dollars dans un sac de sport qui devait être laissé à tel endroit, tandis qu'on vous relâchait dans tel autre avec quelques bolivars en poche, histoire que vous puissiez rentrer chez vous en taxi (on avait des manières). Ces enlèvements étaient monnaie courante à Caracas, c'était même un business florissant, d'autant plus florissant qu'il restait la plupart du temps impuni, des policiers corrompus – un pléonasme au Venezuela – étant souvent de mèche avec les ravisseurs. L'ambassadeur lui-même avait fait l'objet d'une tentative d'enlèvement : quelques jours plus tôt, à un feu rouge, deux hommes à moto avaient braqué sa voiture, un SUV dont les vitres auraient volé en éclats sans leur protection balistique.

Quatre mille trois cents meurtres par an, soit cent trente pour cent mille habitants : un peu plus d'un habitant sur mille se faisait tuer chaque année à Caracas (en France, c'est huit pour un million). Dire de Caracas qu'elle était une ville dangereuse relèverait de l'euphémisme : hors zones de guerre, c'était la ville la plus dangereuse au monde, et si la plupart des meurtres qu'elle enregistrait avaient lieu dans les bidonvilles, s'ils étaient surtout des règlements de comptes entre *malandros*, il n'était pas question qu'on se promène, même en plein jour, même en plein centre, dans les rues de Caracas. Quelques mois plus tôt, l'ambassade avait reçu un scientifique de renom – dont l'ambassadeur préférait taire l'identité pour ne pas le compromettre (mais nous la connaissions, nous, son identité : lui aussi était allé à la rencontre des élèves du Lycée français de Caracas, où on lui avait demandé, comme à nous, s'il voulait bien dédicacer le livre d'or, et il avait laissé un petit mot qu'il avait signé de son nom en dessous duquel, parce qu'il est toujours avantageux d'être *de* quelque chose, il avait ajouté « de l'Académie des sciences »). Or, un après-midi, ce brave monsieur de l'Académie des sciences avait tenu à ce qu'on le laissât marcher seul dans les rues de la ville. À l'ambassade, on avait eu beau l'avertir et le prier d'accepter au moins les services d'un garde du corps, il n'avait rien voulu savoir : seul, avait-il insisté, il voulait être seul, et il s'était lancé dans une tirade enflammée à coups de « J'ai roulé ma bosse à travers l'Amérique, que je connais comme ma poche », de « Rien ne me fait peur, pas même les rues de Caracas », de « Je comprends les réticences qu'on peut avoir à me laisser déambuler par moi-même, mais moi ce continent je l'embrasse, je l'étreins, je fais corps avec lui, je lui fais danser le tango », etc. On avait fini par le laisser s'en aller. Un quart d'heure ne s'était pas écoulé qu'un homme tambourinait à la porte de l'ambassade en suppliant qu'on lui ouvrît. C'était l'académicien, entièrement nu à l'exception d'un slip : il n'avait pas marché plus d'un kilomètre avant de se faire détrousser par deux types à moto qui lui avaient tout pris, *tout*, son portefeuille, son téléphone, sa montre, son pantalon, sa ceinture, sa chemise, ses chaussures, ses chaussettes et ses lunettes, même ses lunettes, tout sauf son slip, et il avait couru, l'académicien, il avait couru jusqu'à l'ambassade où il s'était fait prêter quelques vêtements par l'ambassadeur, qu'il avait supplié de ne pas ébruiter ce qu'il appelait sa « petite mésaventure ».

Le dernier jour, sur le chemin de l'aéroport, comme nous passions en voiture devant la Poste centrale, Miguel nous raconta comment, deux ans plus tôt, il y avait déposé le manuscrit de son premier roman, *Le Voyage d'Octavio*. Il venait de passer quelques années à Paris, où entre deux boulots alimentaires – bouquiniste, plongeur, ouvrier, etc. – il avait consacré la plupart de son temps à lire, en vue d'écrire ; car s'il lisait, c'était pour apprendre à écrire, s'il écrivait, c'était pour apprendre à vivre, et s'il vivait, c'était pour écrire. Quelques jours après s'être réinstallé à Caracas, il avait su qu'il était lauréat du prix du Jeune Écrivain, un concours de nouvelles auquel un ou deux ans plus tôt j'avais moi-même participé. Sa nouvelle avait plu à Émilie Colombani, directrice littéraire des éditions Rivages. Elle lui avait envoyé un mail où elle lui demandait s'il songeait à écrire un roman, s'il n'avait pas déjà un manuscrit dans ses tiroirs. Si, avait menti Miguel, j'en ai un, laissez-moi seulement le temps de faire quelques petits ajustements, de corriger quelques coquilles et je vous l'envoie. En vérité, il n'avait rien. Pas un chapitre. Pas une ligne. Pas même un titre. Il n'avait qu'une idée encore vague – les tribulations épiques d'Octavio, un paysan analphabète –, une volonté de fer et le pressentiment que se jouait là son destin. Aussitôt il s'était lancé avec fureur dans l'écriture d'un roman picaresque ; un mois, deux mois passèrent, Miguel écrivait jour et nuit, mais l'éditrice, qui ne voyait rien arriver, perdait patience : alors, ce manuscrit, c'était pour quand ? Deux nouveaux mois s'écoulèrent ; on finit par lui poser un ultimatum : si sous quinze jours on n'avait pas reçu son manuscrit, on ne prendrait pas la peine de le lire ; il avait jusqu'au 18 juin au plus tard ; le cachet de la poste ferait foi. Miguel travailla jour et nuit, dormant à peine, n'ayant à l'esprit que son texte, l'augmentant ici et là d'un passage, çà et là lui retranchant une phrase, parfois tout un chapitre, le lisant, le relisant, l'amendant, l'embellissant de telle métaphore, remplaçant tel verbe, tel adjectif par tel autre, pesant chaque mot, chaque virgule comme s'il en allait de l'avenir du genre humain, s'épuisant dessus, jusqu'au dernier instant le limant pour qu'il fût le plus juste possible, et le jour dit, quelques minutes avant l'heure limite de dépôt, harassé, le ventre vide et la cervelle exsangue, avec le sentiment du devoir accompli et, dans une pochette en carton, les cent vingt-trois pages dactylographiées du *Voyage d'Octavio*, il se présenta à la Poste centrale de Caracas où l'attendait un guichetier, un petit homme craintif, à la chemise trempée de sueur. Voilà, dit Miguel, j'ai ce manuscrit à envoyer en France, 18, rue Séguier, à Paris. La liasse fut pesée sur une balance électronique : il lui en coûterait deux cents bolivars. Miguel fouilla son portefeuille, vida ses poches : il n'avait que la moitié de la somme. Il implora le guichetier, lui promit bonheur, félicité, prospérité s'il consentait à prendre le colis pour seulement cent bolivars, mais l'autre invoqua règlement, hiérarchie, sanctions, et Miguel, la mort dans l'âme, dut se résoudre à couper précipitamment la moitié du manuscrit, qu'il envoya. Si la première partie plaisait à l'éditrice, se consolait-il, elle voudrait lire la seconde. Deux mois passèrent, il n'avait pas de nouvelles, c'était foutu, il n'y croyait plus, tant pis, il ne serait pas écrivain. Un matin qu'il était chez Maranto, sa mère, allongé dans le hamac du salon, à se morfondre en se demandant ce qu'il allait bien pouvoir faire de sa vie, il sentit son portable vibrer dans sa poche. C'était un mail de l'éditrice : cette fin, s'emballait-elle, quelle fin ! Oui, elle aimait beaucoup la fin du roman, mais pourquoi ne pas lui avoir envoyé le début* ?

San Antonio del Táchira – Caracas

J'étais rentré de ce premier séjour au Venezuela remplumé de quelques belles anecdotes, mais je n'avais quasiment rien vu du pays. Six mois avaient passé, le

* Bien des années plus tard, Miguel devait m'avouer que cette histoire est arrivée en réalité à Gabriel García Márquez, avec le manuscrit de *Cent ans de solitude*. Moi, je continue à penser qu'elle est la sienne. Et puis tout texte devrait avoir sa part de légende, fût-elle infime : d'ailleurs, parmi toutes les scènes de ce récit, l'une d'elles est fictive.

Venezuela n'était plus tout à fait le même – moi non plus. Une quarantaine de kilomètres séparaient San Antonio del Táchira de San Cristóbal, d'où partaient les bus pour Caracas. Quarante minutes en taxi, une heure tout au plus. C'était compter sans les contrôles de police : trois fois, la voiture fut inspectée, mon sac fouillé, mon passeport vérifié, et la nuit était déjà tombée quand j'arrivai à la gare routière de San Cristóbal, d'où venait de partir le dernier bus pour Caracas.

Je passai la nuit dans le hall de la gare, allongé dans un coin, la tête en appui sur mon sac de voyage, sans jamais fermer l'œil, avant de prendre le premier bus du matin. En début d'après-midi, à mi-chemin, nous fîmes halte dans un village dont je ne me rappelle plus le nom. Pause déjeuner, dit le chauffeur. Ça ne m'a pas frappé aussitôt, je ne m'en suis avisé que plus tard, mais il n'y avait dans les rues de ce village aucun homme : des femmes et des enfants, mais pas un seul homme – même dans le seul restaurant que j'avais pu trouver, une de ces gargotes où il n'y a au menu qu'un plat unique. Ici, c'était le *pabellón* : de la viande de bœuf effilochée, garnie de haricots noirs et de riz blanc.

J'avais fini de déjeuner, et j'allais régler l'addition quand se fit entendre l'écho à peine affaibli d'une immense clameur. C'était, à cent mètres de là, peut-être un peu moins, un charivari de voix mâles, d'applaudissements, de cris joyeux. Je me souvins que nous étions le dimanche 23 avril 2017 et qu'il devait être un peu plus de vingt heures en France où venaient d'être annoncés les résultats du premier tour de l'élection présidentielle. Primaires, parrainages, débats, programmes, alliances, tout cela m'était passé largement au-dessus de la tête ; depuis des mois, j'avais à peine suivi l'actualité : voyager me prenait tout mon temps.

Onze candidats étaient en lice, et si l'on en croyait les sondages, seulement cinq pouvaient prétendre accéder au second tour. Parmi eux, un vieux briscard de la politique, tour à tour conseiller municipal, conseiller général, sénateur, ministre et député européen. C'était la deuxième fois qu'il se présentait à l'élection présidentielle. La première fois, j'étais allé le voir en meeting, porte de Versailles. S'y trouvaient soixante mille personnes dont ma mère, qui n'avait consenti à m'accompagner que pour se conforter dans la piètre opinion qu'elle se faisait de lui : celle d'un démagogue agressif et grognon aux idées utopistes. Il était arrivé sur l'estrade sous les vivats du public, avant d'improviser sans notes un discours qui avait duré plus d'une heure. Des rires saluaient ses traits d'esprit, des hourras les mesures de son programme, des sifflets celles de ses adversaires ; il promettait de mettre leurs têtes au bout de piques, et ce romantisme révolutionnaire effarouchait ma pauvre mère, qui pour marquer sa désapprobation gardait les bras croisés. Mais l'orateur était passionné, colérique, d'une colère qui pouvait être terrible, mais qui toujours était juste ; il était le bruit et la fureur, le tumulte et le fracas, et à mesure qu'il parlait ma mère se ralliait peu à peu à ses vues : avec lui, les petits, les obscurs, les sans-grades auraient voix au chapitre, et voilà qu'elle lui donnait raison maintenant, voilà qu'elle aussi se laissait emporter par son lyrisme, griser par sa culture, enivrer par son charisme, transporter par l'immense énergie qui semblait sourdre du pupitre. Des larmes montaient aux yeux de ma mère, et je la revois à la fin du meeting, dans cette salle chauffée à blanc, entonner le poing levé, parmi soixante mille personnes, les premières mesures de *L'Internationale*. À la sortie, on avait mangé des merguez.

Il avait échoué.

Cinq ans avaient passé.

Il était reparti en campagne.

Sa colère ne s'était pas le moins du monde émoussée, mais elle était maintenant moins violente, plus retenue : ce qu'il avait perdu en impétuosité, il l'avait gagné en sagesse. Il avait face à lui l'avenir, et derrière lui, pour le construire, ces héritiers des sans-culottes qu'on appelait désormais les sans-dents, foule immense et silencieuse que venait grossir une partie de la jeunesse idéaliste, au sens noble du terme : elle voyait en lui un grand-père énergique et tenace, combatif et honnête, âgé sans être vieux jeu. On avait pu le voir se dédoubler, être physiquement dans une ville et simultanément dans plusieurs autres, où son hologramme tenait meeting. Résultat : il grimpait dans les sondages, et quelques millions de Français croyaient en la révolution citoyenne qu'il appelait de ses vœux.

Et maintenant le Venezuela, ce tumulte enjoué... Ça ne pouvait qu'être cela : on venait d'annoncer la qualification de Jean-Luc Mélenchon au second tour de l'élection présidentielle. La cinquième puissance du monde serait bientôt de gauche, les bastions du libéralisme allaient tomber l'un après l'autre. Du passé, on ferait table rase. Le Venezuela n'était plus seul. Je marchai à vive allure pour communier de concert. Adieu, licenciements boursiers. Adieu, politiques d'austérité. Vite, vite, presser le pas pour se mêler à la liesse populaire. Au diable l'oligarchie, la spéculation, la soumission aux injonctions de la finance. J'y étais, j'y étais presque. Quelques mètres encore et alors, dans mes bras, frères vénézuéliens ! Enfin le partage des richesses, la contribution de chacun selon ses facultés réelles, et partout dans le monde la consécration de cette vertu qu'entre toutes chérit le peuple français : l'égalité.

L'égalité, Lionel Messi venait de la créer, à la trente-troisième minute du *Clásico* entre le Real Madrid et le FC Barcelone, au stade Santiago-Bernabéu de Madrid, à sept mille kilomètres de là. Slalom dans la défense à l'entrée de la surface, passement de jambes, double contact, crochet, frappe du gauche, frisson des filets. Je revoyais l'action qui passait en boucle sur le petit écran de télévision coincé entre la porte des toilettes et le comptoir de ce bar où s'invectivait la moitié du village, des hommes uniquement, tout ce que le village comptait d'hommes (c'était donc là qu'ils étaient), qui pour la plupart arboraient les couleurs de *leur* équipe : les uns, la tunique *merengue* du Real ; les autres, plus nombreux, le maillot *blaugrana* du Barça qui venait donc de revenir dans le match. Un partout, balle au centre, rien à voir avec Jean-Luc Mélenchon.

Les supporters du Barça, debout les bras en l'air, célébraient le but de leur numéro 10, se donnant l'accolade et se frappant dans les mains, commandant une énième tournée de Polar, la bière locale, et raillant les « Madrilènes » restés assis (les anciens, stoïques, encaissant les quolibets comme de vieux sages en même temps qu'ils tempéraient l'ardeur des plus jeunes, prêts à en découdre sur-le-champ). Le patron du bar, un partisan du Real, faisait la gueule. Qu'est-ce que je voulais boire ? Et d'abord, de quel pays j'étais ? Un Cuba Libre, dis-je, et je suis français. Son visage s'éclaircit, et il me remercia pour Zidane – qu'il appelait Zizooo – comme si je l'avais moi-même mis au monde. Il versa du Cola dans un fond de rhum blanc, pressa un demi-citron vert, y ajouta deux glaçons – et voilà, dit-il, *una Mentira* : Cuba n'était pas libre, c'était un mensonge, et tant que Cuba ne serait pas libre, il s'octroyait la liberté de renommer le cocktail. Je trinquai avec lui, comme devaient trinquer, au même moment, dans un QG de campagne et dans des coupes en plastique, les militants dont le champion s'était hissé au second tour de l'élection présidentielle. En attendant, je ne savais pas à quelle sauce politique la France allait être mangée. Faute de mieux, je décidai de suivre le match.

Et quel match !

La tension montait à Santiago-Bernabéu comme dans le bar du village, où la fille du patron s'amusait à passer devant le poste de télévision un plateau à la main, obstruant chaque fois la vue des supporters qui la sifflaient : les vieux parce qu'elle les empêchait de suivre le match, les jeunes parce qu'elle avait vingt ans, parce que son tee-shirt noué à la taille, son ventre nu et sa poitrine opulente. Parce qu'elle était belle comme la frappe de Messi dans les arrêts de jeu : ce fut lui qui d'un plat du pied à l'entrée de la surface donna la victoire au Barça. Ici, on n'avait pas entendu tohu-bohu plus triomphant depuis le 5 juillet 1811, quand le Venezuela s'était déclaré indépendant de la Couronne espagnole.

Le match terminé, nous reprîmes la route.

Barinas, Boconoíto, San Carlos… L'autobus filait à travers des villes, des villages que je ne vis pas, dont les noms ne convoquent nulle image. La nuit tombait peu à peu. Je somnolais, allongé sur trois sièges, quand je fus réveillé par une lampe torche braquée sur mon visage. Comme un lapin pris dans les phares d'une voiture, je ne bougeai pas, me frottai les yeux, et finis par distinguer, par-delà le halo de lumière, les traits ombrageux d'un militaire que ma mémoire coiffe d'un béret bleu marine. Contrôle du passeport, fouille du sac, j'avais l'habitude. Quelques heures passées seul au Venezuela m'en avaient déjà appris davantage que toute une semaine de séjour en délégation officielle.

Caracas

Vent doux. Ciel bleu. Vingt-deux. Il faisait en avril la même température qu'en octobre. Ni été ni automne, ni même hiver à Caracas : l'éternelle ronde des saisons s'est arrêtée au printemps. L'amplitude thermique est quasi nulle, mais comme il faut tout de même des marqueurs temporels et qu'il pleut davantage une partie de l'année, les Caraqueños distinguent la saison sèche (*verano*), qui court de début décembre à fin avril, de celle des pluies (*invierno*), de début mai à fin novembre.

J'avais remonté à pied l'avenue Simón-Bolívar, croisé en chemin des étudiants de l'université Simón-Bolívar, et j'étais arrivé sur la place Simón-Bolívar (pas une commune au Venezuela qui n'ait sa Plaza Bolívar, avec en son centre un monument à la gloire du *Libertador*, qui va du simple buste à la statue équestre), non loin de la maison natale de Simón Bolívar que je m'étais laissé aller à visiter, avant d'être invité à me recueillir sous l'immense vague blanchâtre où ses cendres reposent, dans un tombeau sur lequel veille jour et nuit, sabre au clair, un quatuor de hussards. C'est là, devant le mausolée monumental, dans le quartier colonial d'Altagracia, que je retrouvai Claudia, mon interprète. Je faillis ne pas la reconnaître : en six mois, elle avait perdu huit kilos – grâce au régime, dit-elle. Le régime Maduro.

Les Vénézuéliens manquaient de tout. De savon, de papier, de couches, de médicaments, mais surtout de quoi manger. Au Venezuela, me dit Claudia, nous n'avons jamais que trois problèmes : le petit-déjeuner, le déjeuner et le dîner. Certains allaient chercher la viande où elle était : dans les zoos. Dans celui de Caricuao, chèvres et cochons avaient disparu, et d'un pur-sang n'était resté que la tête ; le reste, on l'avait dépecé. On s'en sortait un peu mieux dans les campagnes, où l'on pouvait cultiver son lopin. Si l'on voulait de la viande, on saignait quelques poules, et si l'on avait encore faim le coq y passait : les jours suivants, on se levait un peu plus tard que d'habitude. Mais dans les villes… À Caracas… pour se nourrir, il fallait avoir beaucoup d'argent, ou alors beaucoup, beaucoup de temps – et des heures durant faire la queue devant des magasins d'État dont les étals étaient vides.

On pouvait être millionnaire et souffrir de la faim : parce qu'il y avait des pénuries, et qu'un million ne valait rien. Depuis quelques mois l'inflation se comptait en milliers de pour-cent, et pour se procurer la moindre chose il fallait avoir les poches emplies de coupures, façon république de Weimar en 1923. Pour évaluer son argent, on ne le comptait pas ; on le pesait. Avant de franchir la frontière, j'avais voulu convertir en bolivars, la monnaie vénézuélienne, ce qui me restait de pesos colombiens (l'équivalent d'une quarantaine d'euros). Mon sac à dos de soixante litres, vidé de tout son contenu, n'y aurait pas suffi. Je n'avais finalement échangé qu'un dixième de cette somme, contre laquelle on m'avait remis cinq liasses de billets, grosses comme des briques.

Et maintenant j'étais là, dans l'un des meilleurs restaurants de Caracas, avec Claudia. On déjeune, je ne sais plus de quoi, je sais qu'elle mange de la viande – il y a si longtemps, me dit-elle, que je n'ai pas mangé de viande, la dernière fois, c'était en me mordant la langue. Elle me raconte les six derniers mois de sa vie, les enfants qui se sont mis à faire les poubelles des ambassades, les gens qui dorment aux portes des consulats étrangers, les coupures d'eau et d'électricité, et ces médecins qui à l'hôpital ont opéré sa mère à la lumière d'un iPhone, et les files d'attente, les tickets de rationnement, elle me dit ce qu'est la vie quand pour vivre on a l'équivalent d'une quinzaine d'euros par mois, le système D, les groupes WhatsApp créés entre voisins, le troc qui s'organise, des couches contre du sucre, des pâtes contre du riz, elle me dit ça, Claudia, et à la table d'à côté nous voyons un père de famille extraire de son portefeuille une liasse de billets, des coupures de cent bolivars qu'il tend à son fils, un gamin de neuf ou dix ans. Billets en main, le gamin file aux toilettes, puis en ressort bientôt les mains vides. Les billets ? Il s'est essuyé avec. Il a pris les bolivars, et il a fait ce qu'il y a de mieux à faire avec cet argent sans valeur.

Voilà où nous en sommes, me dit Claudia. Voilà ce qu'est devenu le Venezuela : un pays où les gamins se torchent avec des billets parce que ces billets ne valent rien et qu'on ne trouve plus de PQ. Comment en est-on arrivé là ? Je ne connais rien à l'économie. Je n'y comprends rien, je n'y ai jamais rien compris, mais pas besoin d'être Stiglitz ou Piketty pour piger qu'un pays dont l'économie dépend à quatre-vingt-dix pour cent de la rente pétrolière s'effondre quand s'effondrent les cours du pétrole. Or, entre 2013 et 2017, ils avaient dégringolé de soixante pour cent, enclenchant un cercle vicieux : chute des importations, pénuries, gaspillage des ressources, marché noir, augmentation des prix, déficit, création monétaire, inflation, etc. À quoi il fallait ajouter l'habituelle corruption, et les non moins habituelles sanctions économiques des États-Unis d'Amérique, pas mécontents de voir la figure de proue du socialisme à la sud-américaine prendre l'eau. Résultat : on pouvait faire le plein de *gasolina* pour trois fois rien, mais l'essence n'était pas comestible, et deux millions de Vénézuéliens avaient fui le pays (entre quatre et six millions aujourd'hui que j'écris). Claudia y songeait (depuis, elle l'a fait).

Petare

Les Vénézuéliens croyaient en Dieu. Ils n'avaient jamais cessé de croire en Lui, mais la question qui se pose, je vais vous dire, me dit un chauffeur de taxi, est la suivante : est-ce que Lui croit en nous ?

Nous étions à une dizaine de kilomètres à l'est du centre-ville, où vivaient un demi-million de personnes dans le plus grand, le plus pauvre et le plus dangereux des *barrios* de Caracas – donc d'Amérique latine et peut-être du monde : Petare. *Muy, muy peligroso,* insistait mon chauffeur, qui semblait ne connaître en anglais que deux mots : *drugs* et *thugs.* Assez pour m'indiquer le degré de dangerosité des quartiers que nous traversions, sur une échelle de *mucho drugs, mucho thugs* à *mucho mucho mucho drugs, mucho mucho mucho thugs.* Moi, derrière la porte verrouillée, derrière la vitre teintée, je ne voyais pas bien la différence : c'était partout les mêmes petites maisons de briques rouges bâties à flanc de colline, avec les mêmes toits de tôle, les mêmes grilles aux fenêtres, partout des rues bondées au coin desquelles s'entassaient des ordures que fouillaient des enfants, des vieillards et des chiens.

Sur un mur, une fresque où figuraient deux barbus révérés : Ernesto Guevara de la Serna et Jésus de Nazareth. Un peu plus loin, une peinture murale à la gloire d'un triumvirat : Simón Bolívar, Hugo Chávez, Nicolás Maduro. Ici, rien n'avait écorné la popularité de Chávez. Mais son successeur, même Petare n'en voulait plus. Sur sa moustache noire, quelqu'un avait ajouté au blanco : *Soy un mariposón !* – « Je suis une tantouse ». Je fis arrêter le taxi, avec l'intention d'en descendre un instant et de prendre la fresque en photo.

— *¡Estás loco !*

Si je m'aventurais à mettre un pied dehors, m'expliqua le chauffeur, j'étais foutu. On verrait tout de suite que je n'étais pas d'ici. Au mieux, on me volerait mon portefeuille et mon téléphone et on me passerait à tabac. Au pire, on m'enlèverait.

Un peu avant cinq heures, dans le Barrio José Félix Ribas (*mucho mucho mucho drugs, mucho mucho mucho thugs*), deux hommes à moto nous doublèrent par la droite. Le conducteur tenait les poignées du guidon, et le passager derrière lui un fusil-mitrailleur. Un peu après cinq heures, un crépitement se fit entendre : *tac-tac, tac-tac, tac-tac.* Un peu plus loin, il fallut ralentir. Un homme était allongé dans une flaque rouge, en travers de la route, le corps recouvert d'un drap blanc. Deux fonctionnaires de la Police nationale bolivarienne, pantalons noirs aux fins liserés rouges, chemisettes beiges et moustaches, brune pour l'un, châtain pour l'autre, venaient de geler les lieux d'un ruban sur lequel on pouvait lire, en lettres noires sur fond jaune : ESCENA DEL CRIMEN – NO PASE. Les douilles avaient été prélevées, remplacées par des cavaliers en plastique, numérotés de un à six. Mon chauffeur de taxi baissa la vitre :

— *Buenas tardes, señores,* que lui est-il arrivé ?

— Assassiné, dit un policier.

— À bout portant, précisa l'autre.

Le chauffeur de taxi remonta la vitre, se tourna vers moi :

— Mort naturelle, dit-il.

Et il redémarra.

À Petare.

Le soir, je retrouvai Maranto, la mère de Miguel, en regard de qui celle de Romain Gary n'est qu'une virago égoïste et sans cœur, indifférente au sort de son fils et méfiante à l'égard de l'avenir. Maranto n'est pas une mère, elle est *la* mère : c'est d'ailleurs comme ça que ses enfants l'appelaient, ils ne disaient pas *mamá*, ils ne disaient pas *madre*, ils disaient : *la madre* – ce qu'elle fut pour moi les sept jours que je passai à Caracas. Son fils, ses deux filles vivaient en France, à Paris. Deux mois par an elle leur rendait visite, et les neuf autres elle était là, à Caracas, gardant le lien par téléphone, qu'elle ne décrochait jamais sans s'être d'abord recoiffée. À ses enfants qui s'inquiétaient, elle disait : *Si Dios quiere, mañana será otro día* – « Si Dieu le veut, demain sera un autre jour ». Elle aurait pu rester en France, mais elle finissait toujours par rentrer à Caracas : on ne quitte pas le chevet d'un malade. Et elle ajoutait : *Estamos mal, pero vamos bien* – « Ça va mal, mais ça ira ». Ça n'était pas de l'optimisme béat. C'était du courage, de la résilience érigée en philosophie de vie. Je l'admirais, et le matin de mon départ je fus bien triste de lui faire mes adieux.

Sur le chemin de l'aéroport

Le chauffeur de taxi voulait savoir ce que je faisais au Venezuela – il y avait bien longtemps qu'avaient disparu les touristes. J'étais, lui expliquai-je, sur les traces de Che Guevara, et je lui racontai mon voyage, de Buenos Aires à Caracas. Puis j'égrenai fièrement la liste des pays que j'avais vus : l'Argentine, le Chili, la Bolivie, le Pérou, la Colombie, le Venezuela, et maintenant – mais je fus interrompu : Ah oui ? tu as *vu* le Venezuela ?

Je bredouillai un petit oui, plus très sûr de moi.

Il y eut un long silence, puis :

— *Coño*, dit-il, tu vas rentrer dans ton pays, et tu vas dire que tu as vu le mien. Tu vas parler de Caracas, de la misère, de l'inflation, de la violence, de la peur… Mais que connais-tu *vraiment* du Venezuela ?

Moi : Je…

Lui : Si tu n'as pas randonné dans la Gran Sabana, ni survolé par temps bleu les tepuys ; si tu n'as pas été pris de vertige au Salto Ángel, ni gravi le mont Roraima jusqu'au Carro Maverick ; si tu n'as pas étendu ton hamac à l'ombre d'un palmier de la Playa Medina, et lu quelques pages de Rómulo Gallegos ; si tu ne t'es pas tenu en selle, un fer de lance à la ceinture, comme un vrai llanero, et si tu n'as pas chevauché tout le jour, par la vaste plaine ; si tu n'as pas…

Moi : Mais…

Lui : … vu les huppes hérissées des hoazins au-dessus de l'Orénoque, ni les mouettes au-dessus de Los Roques, ni le *corocoro rojo* dans le ciel infini au-dessus des Llanos ; si tu ne t'es pas enfoncé dans la Cueva del Guácharo, ni abrité de la pluie sous les feuilles d'un manguier ; si tu n'as pas descendu le Río Caura en pirogue, ni traversé les Andes à dos de mule, ni remonté la péninsule de Paria d'un seul trait ; si tu n'as pas entendu, à Colonia Tovar, l'allemand des *Alemannisch*, ni le warao des Waraos dans le delta de l'Orénoque ; si tu ne t'es pas enivré, à Puerto Cabello, de *guarapita*, ni goinfré d'*arepas* ; si tu n'as pas eu affaire, après une *culebrilla*, aux rameaux des *santeros*, et si tu n'as jamais prié, à Trujillo, la Vierge de la paix ; si tu n'as pas…

Moi : Je…

Lui : … connu la mélancolie des soleils couchants sur l'Isla Margarita, ni la mélodie d'un *cuatro* dans une ruelle de Porlamar ; si tu n'as pas vu, à Ciudad Guayana, se joindre sans jamais se mêler les eaux des deux fleuves ; ni le vent châtier les *médanos* de Coro ; ni les palétuviers sur leurs échasses, dans les mangroves de Morrocoy ; ni les gamins des *barrios* de Maracay, ni la solennité dans leurs yeux quand ils jouent ; et si tu n'as pas connu l'étreinte du Maracucho qui revoit sa mère après dix ans d'exil, ni les larmes du vieux Caraqueño qui se souvient des jours anciens, eh bien, laisse-moi te dire, *hermano*, que tu ne connais rien du Venezuela.

CUBA

Plaza de la Revolución

Les deux G se séparent après sept mois de voyage, le matin du 26 juillet 1952. Alberto reste à Caracas : il a trouvé un poste dans le laboratoire d'une léproserie. Ernesto rentre à Buenos Aires : il va tenir la promesse qu'il a faite à sa mère, achever ses études de médecine, et se tirer aussitôt, passer par une demi-douzaine de pays dont le Guatemala puis le Mexique – la suite, on la connaît. Huit ans plus tard ils se retrouvent à Cuba, où j'arrivai un soir d'avril 2017, « *año 59 de la Revolución* » comme l'indiquait *Granma*, l'organe officiel du Parti.

J'allais y passer un petit mois, La Havane, Viñales, Playa Larga, Trinidad, Cienfuegos, Santa Clara – le circuit touristique classique (mais peut-on vraiment être autre chose qu'un touriste à Cuba ?). De vieilles américaines aux chromes étincelants stationnaient devant l'aéroport de La Havane – la carte postale, avec les timbres et le cachet de la poste qui fait foi. Je montai à l'arrière d'un taxi sans ceintures, sans rétros, sans airbags, mais avec au tableau de bord une image de la Vierge. Nous étions sauvés. Je demandai au chauffeur de me déposer où il voulait, n'importe où pourvu que ce fût dans le centre, le chauffeur demanda à la Vierge de nous protéger, et la Vierge exauça les vœux du chauffeur. Une demi-heure plus tard, j'étais Plaza de la Revolución, face au portrait géant de Che Guevara – ce fameux portrait de Korda qu'adolescent j'avais punaisé dans ma chambre.

J'aimerais terminer ce récit en revenant au 5 mars 1960 sur les coups de midi, à l'instant précis où le Che apparaît dans l'objectif du photographe. La veille, un cargo français qui déchargeait des munitions dans le port de La Havane a explosé par deux fois. Les morts se comptent par dizaines, les blessés par centaines, Fidel y voit la main des Américains et tient meeting sur une estrade en retrait de laquelle se trouvent Sartre et Beauvoir et le Che, à dix mètres à peine de Korda. L'appareil est un Leica, modèle M2, format trente-cinq millimètres, dans le viseur duquel apparaît puis grossit la silhouette de Che Guevara, avec sa pupille noire dans l'œil noir, ses cheveux noirs en bataille, son béret noir à l'étoile en métal argenté. Korda n'a pas le temps de faire la mise au point mais tant pis, il déclenche. Pour plus de sûreté, il double la prise ; comme souvent, la première est la bonne. Pendant sept ans, la pellicule reste au fond d'un tiroir, et la photo n'est publiée qu'en octobre 1967, après la mort du Che.

Le soir tombait sur La Havane et j'étais assis en tailleur face au portrait géant du Che que le Che n'a pas vu. Dans ses yeux, je lisais la quête inassouvie d'inatteignables horizons, et je songeais qu'il allait falloir rentrer, rassembler mes souvenirs, tirer de l'oubli ce soleil que j'avais vu sombrer dans les eaux immobiles d'un lac argentin, l'ombre démesurée d'un condor sur les parois d'une falaise, la comptine fredonnée par une fillette habillée de chiffons ou le chant d'un oiseau en faction sous la cime des arbres. Il allait falloir donner leur poids de papier aux images, aux sensations qui m'avaient traversé – et bientôt repartir. Si je ne devais plus écrire qu'un seul livre, que ce soit celui-ci : un passeport. Jusqu'au dernier jour, en noircir les pages à coups de tampons.

Ce récit est aussi pour Quentin W.,
maravilloso compañero de viaje.

Bibliographie

Le lecteur qui souhaite se documenter pourra notamment consulter :

Ernesto Guevara, *Voyage à motocyclette*, éditions Fayard - Mille et une nuits, 2007.

Alberto Granado, *Sur la route avec Che Guevara*, L'Archipel, « Archipoche », 2006.

Pierre Kalfon, *Che. Ernesto Guevara, une légende du siècle*, Points, Seuil, 1998.

Paco Ignacio Taibo II, *Ernesto Guevara, connu aussi comme le Che*, Métailié-Payot, 2001.

Hiram Bingham, *La fabuleuse découverte de la cité perdue des Incas*, Pygmalion, 2008.

ET AU CINÉMA :

Walter Salles, *Carnets de voyage* (*Diarios de motocicleta*), 2004.

Composition : IGS-CP à L'Isle-d'Espagnac (16)
Achevé d'imprimer par Normandie Roto Impression s.a.s.
à Lonrai, en avril 2025
Dépôt légal : avril 2025
Numéro d'imprimeur : 2501586

ISBN : 978-2-07-079236-8 / Imprimé en France

300180